AQUARIUS

AQUARIUS

AQUARIUS

AQUARIUS

Vision

一些人物，
一些視野，
一些觀點，
與一個全新的遠景！

你這麼努力，

為什麼還是
覺得自己不夠好？

蔡宜芳（諮商心理師）著

【推薦序】

溫柔的鑰匙

楊陽老師（作家；補教老師）

蔡宜芳心理師的新書《你這麼努力，為什麼還是覺得自己不夠好？》中提到的昱坤，從小在壓抑情緒的家庭中長大，被教養成慣性壓抑負面情緒的人，成年後成為工作狂，失控地以高壓方式對待孩子。

或是像宇晴，因父親早逝，使母親長期受困於負面情緒。在媽媽長期的負面情緒灌溉下，宇晴覺得若快樂，會對不起媽媽。成年後，即使擁有幸福、美滿的生活，宇晴仍常莫名失落，內心似有填不滿的洞，總覺得自己不夠好。

書中案例的主角們，都經歷了不同型態的傷痛。他們的心像被這些經歷烙印上了傷疤，舊傷未癒，又受新傷，層層疊加，像重重枷鎖，將未能宣洩的傷痛感受封印在心靈深處。

即使許多經歷早已被淡忘，但傷痛卻不曾癒合，仍汩汩流著鮮血。持續影響著他們的言行、人際關係，及對待自己的方式。

如書中的阿德，長期遭受父親的家暴，因無力抗拒，也無法逃避，引發書中提及的「大腦凍結／關閉階段」的狀態。他讓自己無感，因唯有進入這種麻木狀態，才能免受負面情感與身體暴力的折磨。此機制長期運作，使得成年後的阿德成為一個容易暴怒的人。

此外，書中有些角色因不堪受苦，觸發防衛機制，出現成癮、暴怒、過度追求物質等失控行為，走入宜芳心理師書中不同情境的失控人生。

最終，不只本人痛苦不堪，身邊的人同樣受累，甚至讓傷痛代代相傳。

我在書中的故事裡，也看到很多長輩、同事、朋友，甚至學生的身影。暴躁的性格、總愛討好人、長時間的自慚形穢、總覺得自己做錯事、討厭自己等等……他們同樣遭枷鎖重重束縛，難以自救。

這本書像一把充滿愛與溫柔的鑰匙，帶著我一層一層地解開心中交錯繞疊的情緒枷鎖。

許多早已淡忘的過往被書中故事解鎖的瞬間，自己好像悠悠吐出一口積蓄不知多少年的鬱悶。

宜芳心理師也提供明確方法，透過溫柔、細膩的文字，輕聲地提醒我們覺察情緒與感受。精準剖析每個故事，探究這些情緒的根源，讓我們透過書，學習重新框架負面經驗，練習安頓情緒與釋放壓力。

我在幾則故事中，也看見一部分的自己。我想起自己也曾自覺不夠好，不受控地討好他人。我也曾是失控的工作狂，無止境地追逐金錢，還有過莫名失控的行為——胡亂買鞋。

有很長一段時間，經過鞋店時，即使腳下的鞋還很新，家中也還有未拆的新鞋，我仍會進去轉轉。

有回被朋友問：「張祐嘉，你買這麼多鞋幹麼？你是蜈蚣精嗎？」早被問爛的問題，我如往常插科打諢地笑笑帶過。

但那次回家路上，我腦子逕自播放起一段早已淡忘的往事。三十幾年前的某日，我穿著爸爸新買給我的球鞋，開心地走進教室。一位家境富裕的同學，高聲指著我的鞋子喊：「張祐嘉，你的鞋子是仿冒品吧？看起來好爛。」接著一群同學圍了上來，輪番嘲笑。

爸爸省吃儉用買給我的鞋，此後卻成為我被嘲笑的日常。每日早晨，套上鞋的剎那，同學訕笑的臉與尖酸話語總在腦海中對我發動攻擊。

腳踏進教室前，我常不自主地先深吸一口氣，再閉眼走進去。

有回鼓起勇氣，想跟爸爸訴苦，希望他為我換雙「正常」的鞋。但回家看到他吃著白饅頭配大蔥，當晚餐充飢，我到嘴邊的話硬生生被吞回去。

「忍，不去想，不去感受，逼迫自己麻木」，是當時十三歲的自己唯一能做的事。

像書中角色一樣，任由抒發不掉的感受蓄積，硬將之鎖進靈魂深處。當時的我必須麻木，才能喘息。

日子久了，此事早已被淡忘，但卻常沒來由地「自慚形穢」或「想買鞋」，惹得我不時納悶，覺得自己「有病」。

／

那回朋友的發問，讓我覺察這陳年舊傷。覺察也像把鑰匙，成功地協助我卸下傷痛枷鎖。

我在心中擁抱那位國中時的自己，默默地原諒當年的同學，在心裡喊了他一聲：「頑皮的小屁孩。」

十幾歲時，心裡那如萬斤重擔的壓迫，對中年的我而言猶如一縷青煙。只嘆當年沒有機會獲得友善長輩或書籍引導，甚至總想把自己藏起來，希望別被人注意到。

傷癒後，某日我在健身房運動時，發現鞋面破了兩個洞，往常的我遇到這種情況，總覺得難為情。

但這次，只覺得破的位置讓鞋看起來很酷、有個性。我跟教練說：「這兩個洞破得剛好，滿好看的耶。」

運動完的回家路上，經過每次必逛的鞋店，我沒再走進去逛逛。回家想著：內心深處那位十三歲的自己，等解鎖的關鍵提問究竟等了多久？

／

如果你也常常覺得自己不夠好，常覺得自己心裡面好像有個聲音，試圖提醒你一段怎麼樣都想不起來的經歷。《你這麼努力，為什麼還是覺得自己不夠好？》書中收錄了許多關鍵提問，肯定能為你帶來靈感，陪伴你與心中那些不同時期的自己，重新對話、和解。

或許多年前的自己，多年來一直不斷透過各種方式影響你的言行、心情，期待你快點發現它，只因你缺那麼一句關鍵提問、少一把溫柔的鑰匙，反而總覺得是自己有問題，想把自己藏起來。

誠摯地邀請你讀這本書，期盼書中的關鍵提問，能引導你踏上「發現自己真的很好」的旅程。

【序曲】

向不夠好的自己「致敬」

許多念輔導諮商的人，都帶著故事而來，我也不例外。

我在第一本書《接住墜落的青少年》中提到，高中是我人生中最黑暗的三年。國中考前五名的我，同時考上了第一志願的普通班和音樂班，我選擇了音樂班，卻重重地跌了一跤。

國中的我，曾天真地以為，成績不好的人就是不認真念書；念了音樂班，才赫然發現，原來有些事情，不是努力就能成功的。每一次術科考試——主修、副修、視唱、樂理、聽寫，所有的成績都會貼在公布欄，我常常是最後幾名。我變得很自卑、畏縮、常常覺得很丟臉。

我曾經好努力，但發現自己聽寫就是寫不出來。主修、副修考試時，緊張到手冒冷汗、全身發抖。那是我第一次發現，原來也有我做不到的事情，習得無助感不斷襲來。

我不願意轉學，因為我很害怕，如果沒有「雄中」這兩個字，我就什麼都不是了。就這樣，我辛苦地撐了三年畢業。我常常上完主修課，在琴房偷偷哭泣，然後擦乾眼淚，假裝沒事回去上課。晚上常常哭到睡著。

琴房的地板鋪著稍有霉味和磨損的綠色地毯。畢業後好幾年了，我還是重複做著同一個噩夢。夢中的我，在綠色地毯上狂奔，跑過一間又一間好像永無止境的琴房，卻怎麼也找不到下樓的路。就像那三年，我怎麼也找不到人生的出口。我想要逃走，卻發現自己身陷其中。

我主修聲樂，當時班上還有兩位同樣主修聲樂的同學。我記得其中一位同學，面容姣好，身高還超過一百七十公分。她唱起歌就像天籟，如同黃鶯出谷、餘音繞梁。每次在她身旁，我都覺得自己就是一隻站在天鵝旁邊的醜小鴨。那隻沒有人看見、沒有人在乎的醜小鴨。

高中畢業之後，我身旁那個巨大的壓迫感仍然如影隨形：我始終覺得自己不夠好。因為我已經習慣「比較」。其實，只要一個人一開始比較，便會只看結果，忽略了過程。當我們習慣用「比較」來確認自己是否夠好，你就會發現，你永遠不夠好。因為，就算你的成績是全班第一，還有全校第一呀！比較，是永遠比不完的。

在達成某個成就時，我就會馬上為自己設定下一個目標。當我的粉專人數一千人時，我想著：「哪時候才能兩千人呢？」因此，不管我再怎麼努力，都永遠覺得自己不夠好。我讓自己活得好累、好辛苦。

面對過於耀眼的人時，也讓我有種無形的壓迫感。我開始會避開這樣的人，因為只要在這些人身旁，都讓我覺得難以呼吸。那就像有隻小螞蟻啃噬著我的內心，彷彿有一根鞭子不斷鞭策著自己：「宜芳，你得繼續努力、你還不夠好！」好多複雜的情緒隨之而來：害怕、自責、憤怒、難過、沮喪……

我直到某天才恍然大悟：那是一個無底洞。不管我怎麼努力填滿，永遠都無法填滿的。一山還有一山高，當達成一個目標，我就為自己設了下一個目標，我將永遠覺得自己不夠好。

有一天，累壞了的我，終於停了下來。我開始告訴自己：「我已經擁有夠多了！」我知道，我一輩子都不可能擁有高䠷的身材或姣好的臉蛋，我唱的歌永遠不可能比她動聽。但我也是那個獨一無二的自己，我是心理師、講師、作家、雙寶媽，我也在屬於自己的地方發光發熱。

現在的我更知道，就算我沒有這些頭銜，我還是我自己，我也只能成為我自己。我是蔡宜芳，我不需要任何東西證明自己；光是成為我自己，就是值得被愛的了。

現在，當我看到那位高中同學在舞台上曼妙的身影，現場繚繞著動人的歌聲時，還是會有隱微的失落。畢竟，那也曾經是我年輕時的夢想呀！但現在的我，不會再掉入那個無底的深淵。我可以拉自己一把，轉過頭來看自己所擁有的，同時微笑著祝福她。當嫉妒的心情能轉變為羨慕和祝福，我想，這一定是我給自己最棒的禮物了。

我發現，適度的調整目標非常重要。因為，**最讓你感到耗竭的，不是你真的不夠好，而是你心底的那個無底洞**。如果你沒有看清楚那個洞長什麼樣子、需要什麼東西；你只是一味地拿任何東西填補，你仍然會感到疲憊不已。

心理學家阿德勒說，自卑使我們追求卓越。這真的是好大的力量！自卑使我不斷努力、不停地鞭策自己。這麼多年來，我拚命拿東西填補那個無底洞，拚命地鞭策自己付出更多努力，但其實，填補的效果很有限。因為有時候我覺得自己好像還不錯；但更多時候，我仍然不滿足、覺得自己不夠好。

我總是拔腿狂奔、停不下來，我無法放鬆。我沒有辦法享受努力的過程，我看不到我走過的路途中，開著美麗的花、有飛翔的鳥兒，我只在意我跑得夠不夠快，我比別人早到終點了嗎？回首過去，我才發現我錯過了許多瑰麗的風景。

你的內心深處，也有那個覺得自己很渺小的地方嗎？

大學的我就讀彰師大輔導與諮商學系，我的人生轉了個大彎。我狂熱地栽進了心理學和輔導諮商這個浩瀚無垠的大海，重新找回自己那失落的一角。

我就讀彰師大輔導與諮商學系的恩師賀孝銘說：「你不可能克服所有缺點，但你可以鞏固優點。」唱歌似乎不是我最擅長的事，但諮商、寫作、演講，好像是我做得還不錯的。這樣，就夠了。

現在回過頭來看這一切，很心疼當時的自己，想溫柔地抱抱那個上完課在琴房哭泣的自己，告訴她：「你辛苦了！」

我的高中同學K說「高中的回憶是人生中的堆肥」，我覺得這個譬喻真好！雖然很臭、讓人避之唯恐不及，但卻滋養我們成為不一樣的自己。同學Y說了一段好美的話：「如果沒有那幾年的衝擊和自我懷疑，找尋自己更多的可能，找尋除了演奏外的熱情、目標和夢想，我們就都不會成為現在的自己了！」

後來我才知道，我會這麼辛苦，是因為我把「成功」和「自我價值」綁在一起了！在求學過程中，我總是努力用成績證明自己是夠好的、是有價值的、是個值得被愛的人。過了好久，我才終於懂得「別人喜歡我，是因為我就是我，不是因為我做了什麼」。

謝謝你打開這本書，希望這本書可以幫助你，一步一步更靠近自己的心。讓我們練習好好傾聽你的心想告訴你什麼，一起走一段療癒之旅！

目錄

輯一

父母以愛之名的批評、羞辱、控制、否定，讓我們覺得自己不夠好

那些以愛之名的嘲諷、羞辱、貶低、控制，都是創傷

請告訴自己：「這不是我的錯。」

一九九八年，文森・費利提（Vincent Felitti）醫師為了了解經歷創傷會對身心健康造成什麼樣的影響，因而提出著名的童年逆境研究（Adverse Childhood Experiences Study, ACEs）。該研究將童年逆境經驗區分為十個種類，如下：

1. 言語暴力：羞辱、威脅、恐嚇、輕蔑。
2. 肢體暴力。
3. 身體不當接觸或性侵害。

4.情緒疏忽：感覺不被愛、不受到支持、被忽略。
5.無法受到妥善的基本生活照顧，如飲食、衣服、清潔或醫療等。
6.因離婚、棄養或其他原因而失去雙親之一。
7.目睹家暴。
8.與有藥酒癮的人同住。
9.同住者有憂鬱症或其他心理疾病，或曾嘗試自殺。
10.同住者有人曾經入獄。

以上的十種創傷，若你在十八歲之前，曾經遭遇任何一種，算一分，那麼，你得到幾分呢？

或許你的分數不高，但其實，上述提到的十種創傷非常普遍。**有三分之二的人，在童年時期經歷過一種以上的創傷，而有約八分之一的人，至少經歷過四種創傷**。

只要曾遭遇任何形式創傷的孩子，他們在長大後，容易在親密關係中缺乏安全感；求學及工作不順利，甚至有更高的機率，得到憂鬱症、焦慮症等精神疾病，或有酒藥癮、自殺傾向、癌症、肥胖症、糖尿病、心血管疾病等。

言語暴力、情緒疏忽，藏在「我是為你好」底下

某些人或許會以為自己並沒有經歷創傷，因為當我們沒有遭遇天災，沒有被家暴，性侵，家人沒有藥酒癮，也沒有精神疾病，我也沒有流落街頭，父母都讓我吃好睡好，還教我功課、帶我出去玩。我們會覺得自己的家庭看起來不僅沒有創傷，而且一切都很好。

但其實，言語暴力、情緒疏忽也是創傷。相較於明顯的家暴行為，**言語暴力讓我們受的傷，既看不見，也常常被父母合理化**。

研究發現，每一種創傷都會造成傷害，無論是父母有藥酒癮、疏忽、肢體虐待，或是看似輕微的被家人嘲笑、羞辱，都一樣會造成孩子的傷害；並沒有哪一種創傷比較嚴重，哪一種比較輕微。因此，言語暴力、情緒疏忽也是真實的傷害。

這兩種創傷，常常藏在「我是為你好」底下，讓我們非常受傷及自責，甚至罵自己「我很糟」、「我不夠好」……

言語暴力、情緒暴力的傷痕難以辨識

有些父母為了激勵孩子，會嘲諷孩子「比不上隔壁鄰居」、「這種小事，有什麼好

煩惱的」，貶低孩子「讀書讀不好，怎麼可以吃飯？」、「怎麼連這個也不會」，嘲笑孩子「這有什麼好哭的？怎麼這麼脆弱？」但實際上，這些話並不會讓孩子更加努力，反而會讓孩子受傷。

就算你知道父母真的很愛你，也是為你好，但這些嘲諷、羞辱、貶低、嘲笑，就是創傷。

而且，這些傷痕真的很難辨識。

因為我們的父母是這麼地愛我們、照顧我們、致力於栽培我們。**我們會懷疑，一個深愛我的人，怎麼可能造成我的創傷？**

因此，當孩子長期被羞辱、被貶低、被批評、被責備，縱使孩子可以感受到父母是愛自己的，但孩子不會認為父母說錯了，孩子只會覺得：「是我不乖、是我不夠好、是我不夠聰明，我一定是做錯了什麼，所以我常常把事情搞砸／爸媽才會離婚……」

當這些負向信念：「我不夠好、我不是個乖孩子、我不值得被愛、我就是很讓人討厭、都是我的錯，所以父母才會常常打我、罵我」深植孩子心中，變成**自動化的負向核心信念**時，將會**深深地影響孩子的自我價值**。

因為，當你覺得自己就是個很糟的人，你怎麼有辦法好好學習、好好和人相處？

現在，請先告訴小時候的自己：「這不是我的錯。」

高控制、高干預、高否定的虎爸虎媽

心蓓的父母從小就幫心蓓做好一切的規劃。

他們怕孩子輸在起跑點，給心蓓上最好、最貴的雙語幼兒園，國小讀國際學校，上各種才藝課。心蓓小學五年級就開始準備考私中。

長大後，父母幫心蓓安排出國留學，甚至連結婚對象都幫她找好了。

我們好怕孩子輸在起跑點，怕孩子在跟我們一樣的地方跌倒、受傷。因此，心蓓的爸媽總是告訴她：「你這樣做不對。你應該要這樣做，比較好。」作業寫不好時，爸媽甚至直接幫心蓓完成。

父母的過度干預及否定，讓心蓓非常害怕犯錯。課堂上不懂的地方，心蓓不敢問老師。如果不是百分之百肯定的答案，心蓓寧可不要回答。

當不小心犯了錯，除了父母的強烈指責，心蓓也會萬般責怪自己：「怎麼沒有考一百分？怎麼會錯這個不該錯的題目？」

在父母的栽培之下，心蓓的考試成績非常好，也進到很好的公司。但在職場上，心蓓若覺得自己的想法不夠好，她就不敢提出來，也不敢堅持自己對的想法，因而錯失了很多寶貴的學習機會。

心蓓的故事，可能我們都不陌生，因為每隔一段時間，就會有曬榜單、虎爸虎媽如何成功教養孩子的新聞，引發更多人的羨慕及效仿。

當父母羞辱你，你卻也感受到父母愛你……

但也有許多生活在高控制、高干預、高否定家庭中長大的孩子，雖然順利升上明星高中，但課業卻一落千丈，或在某個重大的挫折之後，選擇結束自己的生命，造成家人無盡的傷痛及遺憾。

研究也發現，**家長的高控制和高干預，越容易造成孩子自我批判**，而且，如果爸媽總是幫我們做決定、幫我們安排好大大小小的事情，我們將更容易害怕犯錯、不敢嘗試，也會過度依賴父母或容易放棄。

為什麼你如此害怕犯錯？為什麼你覺得自己不管多努力，都還是不夠好？因為當你長大，離開這個家，父母以往對你的批評、羞辱、控制、否定，可能還是如影隨形地跟著你。尤其是這些話語還常常被以愛之名緊緊包裹，讓我們難以辨識。

而且，我們好難對父母生氣，因為在這些嘲諷、羞辱、貶低、干預、控制的同時，你又能感受到父母愛你、照顧你、栽培你。

這一切，多麼矛盾。

有意識地覺察＋改寫腳本

過去，父母的確這樣批評你，但，現在你可以改寫腳本。

當下次你不小心把事情搞砸了，你的負向核心信念又跑出來罵自己：「我好爛、我不夠好、我比不上別人」時，**「有意識地覺察」就是改變的開始**。

你可以練習深呼吸，幫自己喊停，把「我好爛」改成「犯錯並不丟臉，只要改進就好」。

另外，我們也很容易有災難化思考，但我想請你停下來看一看，或許你就會發現：「我只是這件事情的一部分沒有做好，而不是整件事都搞砸了。」接著，你可以靜下心來再想一想，這件事情，我還可以如何補救。

別讓創傷代代相傳

有個爸爸曾經對我說，有一天，他小學五年級的兒子走在路上不小心跌倒，摔得鼻

青臉腫的回家，他感到很心疼，但脫口而出的卻是：「走路不看路，難怪會跌倒！」「這有什麼好哭的？你自己走路沒看好，要怪誰？」

你的父母可能小時候也常常被指責、批評、羞辱、過度干預，形成了「自動化的神經迴路」。當有了孩子，對孩子自然也說不出什麼好話。他們帶著受創的大腦，以同樣的教養方式養育下一次，因此，這樣的教養方式所形成的創傷，就這樣代代相傳……

現在，請你做一個練習。

1. 請你想一想，在原生家庭中，你最喜歡、最想保留的三件事情是什麼呢？

例如：每天吃到媽媽煮的好吃的飯菜。

1. ＿＿＿＿＿＿＿＿＿＿＿＿＿＿＿。
2. ＿＿＿＿＿＿＿＿＿＿＿＿＿＿＿。
3. ＿＿＿＿＿＿＿＿＿＿＿＿＿＿＿。

2. 在原生家庭中，最讓你受傷、討厭、不希望自己複製的三件事情是什麼呢？

例如：常常被貶低、嘲笑，跟媽媽抱怨時，她卻說：「只是開玩笑，你怎麼那麼玻璃心?!」

1. ______________________________。

2. ______________________________。

3. ______________________________。

現在，只要我們開始有意識地覺察，就有機會停止複製過去的傷痕。

那些父母的責備，長大後，卻內化為自我批評

從自我批判中停下來，聽一聽自己的聲音。

很多父母跟我抱怨，他們苦口婆心叮嚀孩子的話，孩子都當成耳邊風。但，其實並非如此。

那些你對孩子說的話，都「內化」到孩子的心底。我是雙寶媽，這幾年，我驚訝地發現，我罵孩子的話，就是當年父母罵我的話。

原來，**長大後**，不再是父母罵我們，而**是我們自己罵自己**。長大後，當我們表現不夠好，或沒有把該做的事情做好時，如影隨形的，是我們對自己的批評和自責。

有的時候，我也會覺得自己很糟、很沒用。

過去的我，當書賣得還不錯、演講得到不錯的回饋時，我會覺得自己的夢想達成了；但一旦遭遇挫折，我又覺得自己一無是處。覺得大家都很厲害，自己根本沒什麼了不起。

我的心情就像坐雲霄飛車，一下子飛向高空，但一下子又墜入谷底。

讓理性的聲音，從心底浮現

不過，當現在遇到有壓力的事情時，我會做一個小小的練習：縱使當下的情緒被激發，覺得自己很不怎麼樣，但我會努力讓一個小小的、理性的聲音，從我的心底冒出來，那聲音是：「**我沒有很厲害，但也沒有很渺小。**」

每一次，當我開始自我懷疑、內心感到低落時，我努力讓自己也有理性的那一面，而不是全然地被情緒牽著鼻子走。

先停下來，感受自己在擔心什麼

這個世界並不是全有、全無，或是非黑即白，還有大片的灰色地帶。沒有人事物是全然的好或壞。

如果你覺得事情一定要怎樣進行，不然就會完蛋了，這可能是個警訊，代表你現在真的壓力很大。

我想請你從自我批判中停下來，聽一聽自己的聲音。你在擔心什麼、焦慮什麼，而擔心、焦慮的背後又是什麼。

心理學家亞伯・艾里斯（Albert Ellis）提出「理情行為治療」（Rational Emotive Behavior Therapy, REBT）。他認為**大部分情緒困擾的源頭是責備**。因此，重要的是停止責備，以及接納不完美的自己（註1）。

艾里斯提出A—B—C理論（如三十八頁的圖）。指出一個人對於某個事件（A）的信念（B），造成了情緒反應（C）。

舉例來說，如果一個人在分手後感到低落，不是因為分手本身（A）造成低落的情緒（C），而是個人對這件事情的認知，導致心情不好。例如「我是個魯蛇，才會被拒絕」、「她提分手，都是我的錯」、「我是個沒用的人」的信念（B）而導致低落的情緒。

理情行為治療的重點是教導我們如何去改變那些造成情緒困擾的「非理性信念」（irrational beliefs）。

當我們去駁斥（D）那些非理性信念（B），可能會產生新的信念（E），接著，以健康的想法

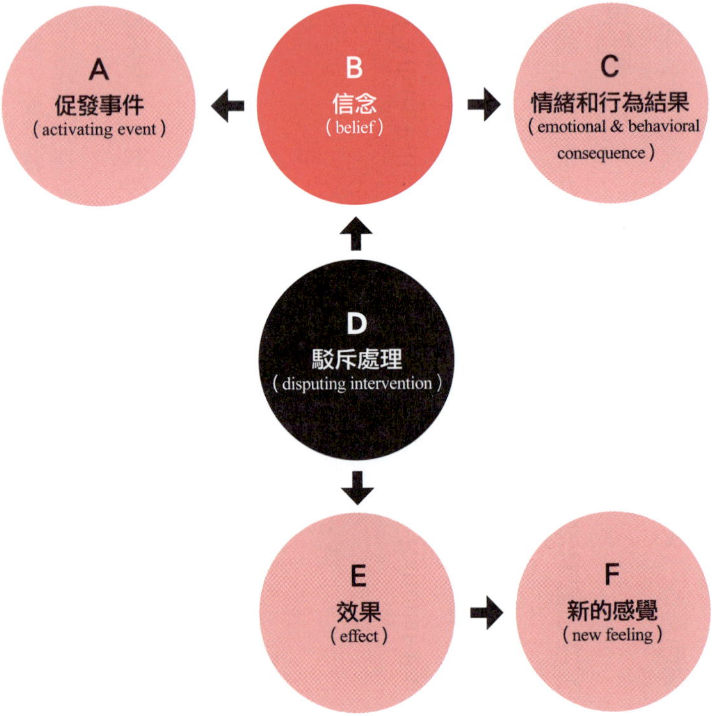

取代不健康的想法，最後促成了新的感覺（F），例如：不再是嚴重的焦慮或憂鬱，而是較為健康的難過或失落的心情。

將「應該、必須、一定」改成「我希望、有可能」

什麼是「非理性信念」呢？非理性信念是指個人「應該」、「必須」、「自我貶低」等信念，像是不切實際地誇大、不切實際的需求、貶低自我價值及完美主義等。

例如上面的舉例，「我是個魯蛇，才會被拒絕」、「她提分手，都是我的錯」、「我是個沒用的人」的信念，就是非理性信念。

「非理性信念」其他常見的例子：

1. 我應該要表現好。
2. 大家一定都覺得我很蠢。
3. 沒有人會喜歡我。

現在，請你把這些「應該、必須、一定」改成「我希望、有可能」：

1. 我應該要表現好→**我希望自己表現好**。

2. 大家一定都覺得我很蠢→**有些人可能覺得我很蠢**。
3. 沒有人會喜歡我→**還是有人喜歡我**。

駁斥這些充滿「應該」、「必須」的信念，改成比較有彈性的語句，這個歷程稱為「**認知重建**」（cognitive restructuring）。因為，當你能理性地思考一下，就算你表現不好，世界並不會因此毀滅。當你表現不好時，不可能全部的人都覺得你很蠢，也不可能全部的人都不喜歡你。

因此，就算你有一兩次的表現不好，你的世界並不會因此完蛋，而且，你的丟臉通常只有你記得。**我們往往會把自己的過錯放大**，因為我們最關注的就是自己呀！

非理性信念，牢牢束縛我們

而這些「非理性信念」是怎麼來的呢？從小，我們背負著許多無形的壓力，社會期待就像一道一道的枷鎖，綑綁著我們。例如小時候，父母這樣告訴我們：「你要乖一點，要好好讀書，要早睡早起，要把該做的事情做好。」

而從以下這五個面向來看，到底是什麼束縛著我們呢？

1. **能力**：「我一定要有成就！」「我這方面就是不行！」「我如果這點小事都做不好，會被別人瞧不起！」
2. **時間**：「我不應該浪費時間」、「我已經三十幾歲，現在轉換跑道，太遲了！」
3. **自我價值**：「我不值得被愛」、「他只是說場面話而已，我根本沒有那麼好」。
4. **世界觀**：「如果沒錢，沒人看得起你」、「這個世界很黑暗，人心險惡」。
5. **社會角色**：社會有許多教條、規範，當我們在不同的「社會角色」中，會被期待我們長成某個樣子。例如：當我們身為某人的先生／太太、兒子／女兒、爸爸／媽媽、朋友、老師、員工等，都有你應該成為的樣子。像是：「我應該做個好女兒」、「每天煮飯，才是好媽媽」、「男人就要養家活口」、「我一定要把孩子照顧好」。

這五個之中，我認為**在崇尚和諧、重視集體權益的華人文化中，社會角色是我們最難擺脫的**。

因為，如果你沒有做到，就會有不只一個人告訴你，這是不夠好，甚至是不對的。

例如，你最近工作太忙，很少回去看爸媽，除了感受到爸媽的失望，愛管閒事的鄰居也會問你：「最近在忙什麼？怎麼這麼久沒回家？」

當你抱持著以上的某些信念過生活，卻又發現自己不想做或做不到時，可能會不由得產生壓迫感，讓你感到喘不過氣來。

我們內化父母對我們的批評

孩提時期的我們，從重要他人那裡學到我們「應該」、「必須」要怎麼做，才是對的，而我們一不小心就「內化」了這些批評，成為負向的內在語言。

例如：爸媽告訴你「電鍋忘記加水，一點小事也做不好，以後還能做什麼」、「這個分數根本不能跟別人比」、「你不能自滿，不然以後不能做大事」。

這些強烈的話語，伴隨著我們長大。我們總是以為，童年的傷會隨著年歲增長而慢慢淡忘。我們已經長大了，更強壯了，已經有力氣去面對那些大人給我們的批評和指責。

但，當我們長大，一不小心電鍋又忘記加水、面試沒上、考試沒通過、報告被主管退回、被同事討厭時，那些話又跑出來了。

不同的是，這一次，不再是父母的耳提面命及告誡，而是我們心裡的聲音：「你怎麼這麼沒用！」「你什麼事都做不好！」「你真的很憨慢（台語）……」

我們才赫然發現，那些父母曾經說過的話語，早已深深地烙印在我們的心裡。夜深人靜時，啃噬著我們的心，讓我們無法肯定自己、喜歡自己。

當你覺得自己不夠好，請做以下的練習。

1. 當你心情不好時，可以參考上述的例子，填寫下面的表格，寫出A促發事件、B信念、C情緒和行為結果。

你有發現是怎樣的信念影響你了嗎？

A促發事件	← B信念 →	C情緒和行為結果

2.練習「認知重建」，駁斥這些充滿「應該」、「必須」、「自我貶低」的信念。想一想，上述的信念可以怎麼調整呢？請把它寫下來。

例如：我**應該**要把所有事情都做好→我**盡力**把所有事情都做好。

例如：辦公室**所有**同事都討厭我→辦公室**有些**同事討厭我。

________________→________________。

________________→________________。

當你告訴自己這個「新的信念」，你有什麼新的感受嗎？

3.想一想，這些信念是從哪裡來的呢？

________________________________。

________________________________。

________________________________。

最後，讓我們溫柔地告訴自己，我已經長大了，現在的我，不需要這些話語來鞭策自己、否定自己，我可以開始相信自己、看見自己的好。

註1：引自《諮商與心理治療——理論與實務》（第8版），Gerald Corey著，修慧蘭、鄭玄藏、余振民、王淳弘、楊昊鑫、彭瑞祥譯，雙葉書廊出版。

怪罪他人、工作狂、暴飲暴食、網路成癮，都是防衛機制，保護我們不要受傷

防衛機制是一種求生策略。

昱坤從小就在一個沒有情緒的家庭中長大。

昱坤的爸爸忙著工作賺錢，媽媽是家庭主婦，努力地把家裡打理好。昱坤的爸媽秉持傳統、保守的教養觀，例如「男生跌倒不應該哭泣；哭泣代表很軟弱」、「男人就是要照顧好家人」。昱坤的爸媽相敬如賓，家人之間也不是感情不好，只是彷彿各過各的生活。

昱坤從小就學到，不可以表達負面情緒，也不可以脆弱。

後來，昱坤不再表達真實的感受，因為心情不好時，他總是被責備、被說教，最

後，昱坤開始隔絕情緒。因為，**壓抑情緒是最快速的方法**。唯有這樣，才不會受傷。

用「貼心」來得到爸媽微小的疼愛

昱坤的成績並不理想，他只能用對家庭的付出和奉獻來證明自己是有價值的，因此，貼心的昱坤會幫媽媽做許多家事；因為和成績總是前三名、可以讓爸媽跟鄰居炫耀的弟弟相比，昱坤只能用「貼心」來得到爸媽微小的疼愛，以及存在的價值。

長大以後，好強的昱坤，變成了工作狂。昱坤幾乎是從早到晚都在工作，因為金錢可以帶給他安全感。

後來，昱坤有了孩子，他用盡一切努力，給孩子最好的。但只要孩子不接受，昱坤總是忍不住抓狂：「你以為我很喜歡給你念國際學校，那很花錢耶！對你好，還不知感恩。」

防衛機制是一種求生策略

在昱坤的身上，我看到好幾個防衛機制，例如：隔離情緒和工作狂。

另外，常見的其他防衛機制還有：否認、怪罪他人、過度理性分析事情、過度追求財富／權力地位、購物狂。而一些常見的成癮行為，像是：喝酒、吸毒、暴飲暴食、網路成癮、性愛成癮，也是防衛機制。

這些防衛機制，幫助我們不用碰觸情緒、不用直接面對壓力源。例如：當事情發生時，直接怪罪他人是最快速的方式，這也讓我們能放過自己，不會把自己批評得體無完膚；不過，若總是怪罪他人，也會讓人際關係受傷。

這些防衛機制看起來好像很不適當，但其實，這些防衛機制非常重要，因為它讓我們得以存活下來。

生活中，有太多事情讓我們耗費心力，我們要工作、要照顧小孩，我們沒有時間好好處理所有的情緒和創傷，我們只能先擱著，把生活中該做的事情做好。因此，防衛機制是我們的生存指南。

防衛機制幫助我們好好活著，但如果你總是用這些防衛機制，你將會離自己或離他人越來越遠。這些過去的保護機制，都是求生策略，保護我們安全長大。但如果僵化、固著、難以改變，長久下來可能會產生困擾，或傷害了他人。

寫下你常使用的防衛機制

你常常使用哪些防衛機制保護你自己呢？請參考下列的防衛機制，寫下專屬於你的防衛機制。

防衛機制：隔離情緒、否認、怪罪他人、過度理性分析事情、過度追求財富／權力地位、工作狂、購物狂、喝酒、吸毒、暴飲暴食、網路成癮、性愛成癮。

你常使用的防衛機制：

____。

____。

我們來看看以下幾種常見的防衛機制：

1.隔離情緒，讓自己麻木，不受傷

當昱坤隔離情緒，就只會感受到麻木，這樣，他就不再會被爸爸的話刺傷了。但因為長期的隔離情緒，昱坤無法感受到孩子的情緒，而一再的給孩子壓力而不自知。

小時候，當昱坤難過、脆弱時，爸媽會否定昱坤的心事，甚至讓昱坤覺得他不應該有這種感覺。因為心事總是不被接納，昱坤只好把所有感覺都藏起來，他像自己的爸

爸一樣告訴孩子：「生氣是過一天，難過也是過一天，不要想太多，正向一點。你已經比很多人幸福了，有什麼好煩惱的！」

一直到昱坤的孩子罹患憂鬱症，他還是無法覺察到自己的教養方式出了哪些問題，只覺得孩子怎麼會這麼脆弱。

在我們的社會中，常常期待男孩要有男子氣概，要堅強勇敢、贏別人，有更高的工作成就、追求名利；如果做不到，就代表你不夠好，甚至不像個男人。

這對許多男性來說，是很大的枷鎖，因為無法表達脆弱、傷痕累累，卻仍然得選擇逞強。

逞強使得我們的社會中有好多的硬漢，因為只有隔離情緒，心才不會這麼痛。這些小男孩在童年時傷痕累累，只能選擇隔離情緒，當**他們長大後，卻也因為隔離情緒，而無法靠近他人**，深深影響男性的心理健康及人際關係。

2. 成為工作狂，讓自己有價值、值得被愛

小時候的昱坤用「貼心」來換取父母認為自己是個有價值、值得被愛的人，這是小

時候的昱坤的生存方法；長大後的昱坤，用「拚命工作」來換取自己是個有價值、值得被愛的人。

在我們的社會中，並不認同酗酒、吸毒這些行為，但對於工作狂、拚命追求成就／財富，這是被社會認可，甚至被讚許的行為。

因此，當昱坤只要拚命工作，就可以不用去感受、不用去面對任何不想面對的事情。

你在生活中，也總是停不下來嗎？你把每天的行程排滿滿、非常的忙碌、急躁，但一旦真的完全沒事做的時候（例如孩子參加畢旅，整整三天不在家），你卻突然覺得心裡非常空虛，甚至感到恐慌。而一旦退休，或到了空巢期，當不再需要工作或孩子離家，心裡的空虛感和恐慌感可能更為強烈。

如果你是工作狂，你可以**練習「有意識地慢下來」**，好好感受自己在焦慮什麼，你害怕面對的是什麼。

我們總是以為，當我們離開原生家庭、當創傷距離現在的時間越久，自己應該要好起來了才對。

但實際上，我們仍然悄悄帶著原生家庭和過去經驗所形成的生存方式和防衛機制。

如果沒有「有意識」地覺察，我們就會用同樣的方式生活，甚至繼續複製到下一代。

例如從小就學會隔絕情緒的昱坤，長大後，拚了命地送孩子上國際學校。昱坤對孩子的期待，壓得孩子喘不過氣來，但他卻無法理解孩子為什麼會有壓力。

寫下你在原生家庭中，不被允許的情緒

我們來做一個練習。下面有一個圓圈，請你把被你的原生家庭接納、允許的情緒寫在圈內；把不被允許，甚至會被責備的情緒寫在圈外。

參考的情緒列表：開心、興奮、憤怒、

難過、悲傷、羞愧、害怕、厭惡、內疚、焦慮、失望、嫉妒……

就算我們長大，離開原生家庭，這些不被接納的情緒出現時，我們仍然可能感到恐懼，想把它趕走。因為，唯有把這個曾經害你受傷、被罵的情緒趕走，我們才會覺得安全。

當我們面對這些負向情緒時，可能會感到非常焦慮。我們會罵自己這麼生氣，真的很不應該，希望自己趕快恢復平靜，想把這些情緒通通趕走，我們就可以繼續假裝沒事地過生活。

但當我們能先練習安撫焦慮，才能像剝洋蔥，一層又一層的往下探觸其他的情緒。

情緒從憤怒↓悲傷↓羞愧

我和昱坤談了一年。他最先出現的情緒是憤怒，昱坤氣爸媽不接納他的情緒，罵他太脆弱，害他常常自責。

當憤怒被理解，接著悲傷才慢慢浮現，昱坤開始心疼自己的辛苦。最後，我們談到最深層的情緒是羞愧。

羞愧是讓人非常難受的情緒，我們會這樣形容羞愧：想找個地洞躲起來，覺得自己再也沒臉見人了。

而且，羞愧和內疚不同，你會因為你做的某個「行為」而感到內疚、自責，但**羞愧是直接貶損個人的「價值」**。

例如當你做錯事時，內疚會讓我們罵自己：「你沒有把事情做好。」但羞愧是罵自己：「我真的是個糟糕透頂的人。」

昱坤因為成績不好，感受到的是父母的失望，以及對弟弟的羨慕。不被愛的感受，讓昱坤感到自己沒有價值、什麼事情都做不好，覺得自己是個很糟的人。

因為羞愧，即使再努力，依然覺得自己不夠好

當愛是有條件的，那些不被父母接納的部分，就成了羞愧，深深地埋藏在昱坤的心底。

昱坤盡力隱藏羞愧，他用貼心來換取自己是值得被愛的孩子，用拚命工作、努力賺錢來得到自己存在的價值。

埋藏在最深處的羞愧，不斷驅使昱坤努力變成一個有價值的人，但不管昱坤再怎麼

努力，他仍然會覺得自己永遠不夠好。

當你能看見自己的羞愧，請溫柔地對待它。你可以找一個你信任的人，談談你的羞愧，接納羞愧的存在。

當你能開始坦然面對羞愧，那個最渺小、讓我們感到最不堪的自己，就是改變的開始。

當我們一步一步、慢慢地能好好面對羞愧，我們將不再被羞愧所綑綁。

別急著責備防衛機制，反而要謝謝它

當我們覺察到自己常常怪罪他人、過度理性、工作狂、暴飲暴食、網路成癮，請先不要急著責怪自己，或覺得自己很糟。

相反地，我想請你先好好感謝你的防衛機制。因為這些都是生存策略，幫助我們不會總是被創傷影響，可以暫時好好過日子。

防衛機制是我們從過去的原生家庭和經驗中學習而來，過去有效，但現在卻成了困擾。

我們也很難改變這些防衛機制，因為，這些就是幫助我們不用直接面對壓力的方

式，改變會帶給我們太大的不安。

但，如果防衛機制已經影響你的身心健康，或是阻礙你的人際關係時，就是需要改變的時候了。

因為我們都已經長大了，比以前成熟，也更勇敢，我們不需要總是用過去的方法來保護自己。

雖然我們很難有太大或立即性的改變，但我們可以練習微調。例如，當下次你想要直接怪罪別人時，停下來，有意識地覺察，然後練習深呼吸，聽一聽自己的內在到底想說什麼。

當你下次回到家，感到累癱了，**要開始暴飲暴食前，先停下來，有意識地覺察：你現在的感覺是什麼，壓力在身上的哪一個地方**。深呼吸，先喝一杯水，再開始放慢速度進食，感受食物在嘴巴裡的色香味。

寫下「自我承諾書」，你可以用新的方式保護自己

以下是一份「自我承諾書」，也是信心喊話。邀請你想一想，當你不用過去的防衛機制時，你可以改成用什麼方式幫助自己。讓我們為自己創造一點一滴的小改變。

自我承諾書

過去，我用暴飲暴食、情緒隔離的方式，保護我不用直接面對壓力，但現在，我想練習用其他方法保護自己，例如，我願意和身邊信任的人坦承我的脆弱。

過去，我用______________的方式，保護我不用直接面對壓力，但現在，我想練習用其他方法保護自己，例如______________。

常常看別人不順眼，可能是你也常看自己不順眼

「只有我成績好，才值得被愛。」

有一位四十歲的男性個案跟我抱怨，他的太太常常挑剔他，嫌他掃地掃不乾淨、摺衣服摺得很醜、炒菜炒得太鹹，久而久之，他覺得自己不管做什麼都會被嫌。他每天下班都會在車上多待半小時，打個電動，紓壓一下再回家。

長期下來，他開始出現「習得無助感」（註1），覺得做什麼事都很無力、無奈。

當太太罵他哪裡沒做好，他也不想再多說，反正就照她說的做就好，因為多說，兩人反而吵架。有時候，他甚至只想擺爛，因為不管做什麼，都會被雞蛋裡挑骨頭。

談了幾次之後，我鼓勵先生試著邀請太太進到諮商室一起會談。

進到諮商室，太太不好意思地承認的確有這個狀況。不知道為什麼，她總是很容易看先生不順眼，在職場上、對朋友也是。但在外頭，太太通常會收斂一點，不會表現得太明顯，怕影響人際關係；一回家面對先生，太太看到先生，卻常覺得一肚子氣，覺得先生做什麼都做不好。

媽媽讓我覺得，我做什麼都不對

我問太太：「在你小時候，有誰常常批判你嗎？」

一開始，太太搔搔頭，說：「我一開始想到的是我媽，但我想不到她到底批評我什麼。」講到一半，太太突然恍然大悟地說：「我知道了！我在我媽旁邊，總是有種隱約不安的感覺，到現在都是……她好像不是真的批判我什麼，而是讓我覺得，我做什麼都不對。像是上個月我們全家都得了流感，或是我最近比較少煮飯，她就說我『沒有把孩子照顧好，只顧工作』，又說我很懶惰之類的。反正只要她心情不好，什麼都可以罵。

「在我小時候，當媽媽心情好，就說我長得很漂亮，心情不好，就說我怎麼這麼胖……在她心情好時，我可以吃甜食，她心情不好時，她就說：『這麼胖，還一直吃。』所以一直到現在，我常常不知道要跟她聊什麼，因為閒聊也會被念。我講話之前都要想一下，我這樣講可以嗎？會不會又被媽媽念。

「我在媽媽身旁，常常覺得提心吊膽，因為我不知道自己會不會說錯什麼話、做錯什麼事。媽媽的批評，我也可以假裝不在意，但還是會覺得心情不好。

「好久以前有一次，我故作輕鬆地告訴她：『你講的一些話，讓我覺得心裡不太舒服。』結果她反而說我玻璃心、太脆弱。之後，我就不再和她說心裡話了，因為說了，她也聽不懂，我們反而還吵架。」

當你覺得自己不夠好，很容易將自己的脆弱及黑暗面投射出去

在心理治療學派中，精神分析提出「防衛機制」這個概念，防衛機制（defense mechanism）可以幫助個人因應焦慮，避免自己被焦慮所淹沒。其中一個常見的防衛機制是投射作用（projection），指的是將個人無法接受的欲望或衝動，歸到別人身上去。

當一個人總是要表現得很強勢、時常怨天尤人、嫌東嫌西，其實是把自己的脆弱及黑暗面投射出去。**透過責怪他人，來顯示自己並沒有那麼糟**；但實際上，雖然他們表面

上時常攻擊他人，但他們卻很容易在心裡不斷責備自己。

一個常常批判自己、覺得自己不夠好的人，也會很容易將自己的脆弱面及黑暗面投射出去，而覺得其他人做得不好。越是好強、強勢的人，內在可能越脆弱。因為內在太渺小、脆弱了，才需要假裝自己是如此的強大。

太太接著說：「其實，我也不怪我媽，只是覺得跟她在一起時，我有點辛苦，也常常感到很受傷。但我也知道她很辛苦。在我媽還很小的時候，我外婆就離家了，後來外公過世，是她的姑姑照顧她長大的。但姑姑家小孩也很多，沒辦法好好照顧她，能供她吃飽就很不錯了。我媽媽如果有委屈，或是表哥欺負她，總是有苦往心裡吞，沒有人可以說……」

當太太願意試著去理解媽媽為何長成這個樣子，就能對媽媽有多一份包容，同時也減少內疚與自責。

「只有我考得好，才值得被愛。」

如果你很容易批判自己、批判他人，很可能也不是你的錯；而是小時候，你在一個常常批判你的家庭中長大。

父母可能長期給孩子「有條件的愛」。「有條件的愛」與「無條件的愛」相反，若父母能給孩子「無條件的愛」，孩子感受到的是不管我做得好、做不好，都是被愛、被接納的。孩子會知道，就算我做錯事，父母還是愛我的。父母可能不喜歡我做的事情，但我還是一個值得被愛的人。

而「有條件的愛」是什麼意思呢？例如：當孩子考差了，父母並沒有安慰他，或是去同理孩子的心情、理解孩子遇到什麼困難；而是一直責怪孩子為什麼沒考好。長久下來，孩子可能感受到的是「只有我考得好，才值得被愛」。

我相信幾乎所有的父母都是愛孩子的，但若孩子感受到的卻是，如果我考不好，我可能不被愛，或媽媽會比較愛另一個手足，這是多麼深的恐懼——可能被拋棄的恐懼。

不只一個孩子告訴我，他們覺得只有自己成績考好一點，父母才會比較愛自己。每次我聽到這樣的話，都覺得萬分心疼。因為這樣長大的孩子，學習到的是用成就才能證明自己是值得被愛的、是夠好的。**當孩子考不好時，孩子不只是面對父母失望的臉孔，還要面對自己內心的自責與內疚。**

研究發現，當父母對孩子的學業表現抱持正向期待時，孩子的成績的確會比較好。但研究更重要的發現是，當父母對孩子的期望過高或不切實際，孩子反而會成績變差。

只是許多父母還是認為應該要更嚴格、盯更緊，甚至用羞辱、批評、嘲諷的方式來激勵孩子。因此，孩子感受到的是「我永遠不夠好」、「我很糟，不值得被愛」，課業壓力壓得孩子喘不過氣來。

只給自己五分，但老師卻給她十分的孩子

在學校，有個孩子講話總是很小聲。談了幾次以後，我發現，她有很深的「羞愧感」。

她常常因為大事、小事感到丟臉，也覺得自己有人群恐懼症，只要上台，就緊張到覺得自己吸不到氣。她覺得自己很糟、長得很醜、成績不好、人緣也沒有很好、常常被媽媽和阿嬤罵、從來沒有見過爸爸。

總之，她覺得自己沒有一件做得好的事。這樣長大的孩子，在每一天的生活中，會有多辛苦！

上學期的期末，導師請每位小老師自評分數，這個孩子只給自己五分，但任課老師

卻給她十分，肯定她做小老師認真、負責。

我看到後好驚訝，這是多麼大的差距。

她說，她的確沒有做什麼不好的事情，只是覺得五分好像比較適合自己。

這些把自己批評得體無完膚的孩子，抱持著「我就笨、我就爛、我就是數學／英文學不會」。他可能在上課時就選擇閉上耳朵，考試一考差，就再次驗證自己真的不是學數學／英文或任何科目的料。

這些覺得自己很爛、低自尊的孩子，他要怎麼好好學習？因為，孩子的自我批評，已經把他的耳朵和心給關起來了。

孩子開始戴上面具，不敢輕易表達最真實的自己

如果你很容易批評自己，這不是你的錯！因為，父母（或主要照顧者）怎麼看你，深深影響你怎麼看自己。

當孩子哭泣時，父母若總是跟孩子說：「這有什麼好哭的！不要這麼脆弱。」久而久之，孩子可能很難去接受自己真實的情緒。孩子因此開始選擇戴上面具，不敢輕易

表達最真實的自己，因為真實的自己，可能是不被愛的。

如果你長期在一個批判的家庭中長大，你可能也很難好好愛自己，而時常批判自己。一個常常批判自己的人，自然看什麼都不順眼，而容易怪東怪西。

但現在的你已經長大了，有能力把自己愛回來了。下次，當你看別人不順眼，看自己也不順眼時，是否可以**看看自己做得好的地方，告訴自己：「你已經很棒了！」**

一份「自我肯定」的練習

1. 寫下你值得被肯定的地方：

例如：分手後，我還是努力讓自己能正常上班。

________________________________。

2. 你是怎麼做到的？

例如：不想讓家人、朋友擔心。

________________________________。

3.對你的意義是什麼？（即使再微小，都沒關係）

例如：「我沒有這麼容易被打倒」、「沒有你，我一樣可以過得很好」、「我知道自己還是值得被愛的人」。

________。

接下來，邀請你把愛自己化為行動：

1.你現在愛自己的分數是幾分呢？（1—10分）____分。

2.你期待愛自己的分數是幾分呢？（1—10分）____分。

3.你可以做些什麼，讓分數能高1分？例如：罵自己時會喊停、不把心事悶在心裡，嘗試說出來、學習一項新事物、運動、閱讀……

________。

當你看自己順眼了，自然看他人、看這個世界，也會覺得可愛。

註1：當一個人一直努力卻不斷失敗，可能產生「習得無助感」，最終認為自己就是魯蛇、失敗者，選擇放棄或消極以對。

過去的創傷經驗，讓你容易情緒失控

我們不可能變回原本的自己，但我們將會長出新的自己。

今天在公司的會議上，阿德不小心又發脾氣了。阿德對主管的決策感到非常不滿，他氣得拍桌、對主管破口大罵。

其實，平常的阿德不是這樣的。阿德待人客氣、溫和有禮。不過，只要阿德覺得被針對，或覺得不公平，他就無法控制住自己的脾氣，甚至氣得直跳腳。

不過，每次發完脾氣之後，阿德總是十分懊惱、自責。他也不懂自己為什麼當下會那麼生氣。

一直到與阿德交往十年的女朋友，再也受不了他的火爆脾氣，決定離開他，阿德才驚覺事情的嚴重性。於是，阿德開始尋求諮商。

對身形像爸爸的人，很有敵意

原來，阿德有一個不愉快的童年。

阿德小時候，爸爸做生意失敗，常常借酒澆愁，酒後就會打阿德的媽媽。媽媽實在受不了，便離家出走了。

阿德曾經這樣對我說：「我有一次沒有認真掃地，爸爸就把我吊起來打，打到我都尿褲子了，他卻更生氣，還用椅子砸我的頭。還好那時候媽媽報警了，不然我可能已經不在這裡了……」

後來，爸爸因為案件入獄服刑。讀小一的阿德開始和阿公、阿嬤同住，才終於結束被家暴的日子。

但在媽媽離家之後，阿德覺得自己是個被拋棄的小孩。

阿德對於聲音很敏感，對於長相或身形像爸爸的男主管，也會很有敵意。

其實，我們腦幹的迴路，記錄了我們遇到緊急狀況／壓力時的直覺反應。這些創傷經驗都已經存在阿德的神經迴路中，變成「自動化的反應」，而這些，都和他曾受暴的經驗有關（註1）。

因此，當阿德不小心又大發雷霆時，**我們不應該去問阿德：「你有什麼問題？」**因為，這樣像是在責怪阿德，會導致阿德產生自責、罪惡感。**我們真正該問的是：「你發生過什麼事？」**當我們試著理解阿德到底發生過什麼事，才導致阿德今天變成這個樣子，這才能真正帶來改變。

自主神經系統的三種反應

當我們處在各種環境裡，我們的自主神經系統往往會依據周遭狀況讓我們感受到的安全程度，做出以下三種不同的反應：

1. 社會連結（social engagement）。
2. 戰或逃（fight or flight）。
3. 凍結／關閉（freeze／shut-down）

我們每天都會因為因應不同的壓力，在這三個狀態下移動。

1. 社會連結：

當我們感覺到安全時，我們處在「社會連結階段」。我們感覺到平靜，可以正常與人互動，也能理性思考。

2. 戰或逃：

當遇到緊急狀況，大腦的杏仁核是偵測器，幫助我們偵測周遭是否有危險。

例如當你在安靜的房間中，準備就寢時，如果突然聽到門外有腳步聲，但你認為家裡不應該有其他人。此時，人體會產生反應：血壓升高、心跳加快、出汗、手腳發冷、瞳孔放大，讓我們的聽力和視力都變得更加靈敏，大量的壓力荷爾蒙也會開始分泌，讓我們精神亢奮，幫助我們因應壓力情境。

而**若杏仁核偵測到威脅，就會馬上進到「戰或逃階段」**，因為大腦存在的目的就是幫助我們存活。因此，就算我們還不清楚發生什麼事，但身體已經進到備戰狀態。

這時，你打開房門，發現只是幾隻老鼠在奔跑。當我們的「理智腦」判斷沒有危險之後，我們的身體就會開始放鬆下來，肌肉放鬆、心跳和呼吸也變得和緩。

這時，我們會視情況，決定要戰還是逃；要反擊，或趕快逃離危險，這是人類存活的本能。這是「戰或逃階段」。

又例如：有一天，你走在路上，遇到一隻野狗突然衝向你，你可能選擇拿棍棒攻擊

（戰），也有可能「三十六計，走為上策」，先跑再說（逃）。

當面對危險或不當對待時，有些人會用任何可能的方式攻擊對方（戰），也有人會想盡辦法逃離現場（逃）。

在生活中，也有許多例子，例如：明天的數學考試對孩子來說太困難，孩子可能不是跟它拚了（戰），而是決定逃跑——不念書，而去睡覺。

當你跟另一半吵架時，如果你站得住腳，你可能會選擇「戰」；但如果你自覺理虧，你可能就會「逃」。

3. **凍結／關閉：**

當壓力情境使人感受到劇烈威脅、覺得被困住，導致你覺得自己無法戰，也逃不走時，你可能進到「凍結／關閉階段」。你的身體感受到麻痺、沉重、失去力量，這是我們面對最劇烈威脅時的自我保護機制。

經歷或目睹家暴時，孩子進入「凍結／關閉階段」

讀到這裡，你可能會有疑問，遇到危險，不就應該趕快逃跑嗎？怎麼可能待在那裡不動？

其實，如果你曾經遭遇過車禍，或莫名其妙被人打罵，你就會理解：在那個時候，我們可能根本反應不過來，被困在當下。

經歷或目睹家暴時，孩子也可能進入「凍結／關閉階段」。因為這就是孩子的家，孩子無法逃走，只能默默承受這一切。

二〇二三年，台灣掀起一波#MeToo運動。結果發現很多被害人在遭遇性侵害或性騷擾時，並沒有逃走，甚至連「不」都沒有說出口，但，這其實是有原因的。

在那個當下，被害人可能嚇傻了，因為往往侵犯的人是熟人、信任的朋友，或是權力位階比我們更高的人。

在當下，被害人可能也因為過於驚嚇而無法做出任何回應，只能任人擺布。

事件的發生，也會讓被害人在心中產生很大的衝擊：「這個我認為是好朋友，甚至是信任的大人，怎麼可能對我做出這種事？」

嚇傻的人，可能也處在「凍結／關閉階段」，無法做出任何的反應。因此，**如果我們再去指責被害人為什麼沒有反抗，反而會造成被害人的二度傷害**。

創傷經驗存在神經迴路中，成了自動化反應

上述的阿德，可能長期處在「戰或逃階段」，所以阿德試圖對爸爸反擊，或離家出走，或者阿德也可能是處在「凍結／關閉階段」，這是一種麻木、關閉、不能動彈的狀態。麻木能暫時保護一個人免受情感或身體的痛苦。

這些創傷經驗都存在阿德的神經迴路中，成了阿德的自動化反應。因此，當主管或女朋友只要說話大聲一點，都可能讓阿德馬上進入「戰或逃階段」或「凍結／關閉階段」。**我們的情緒永遠比理性快**。就算阿德知道自己的恐懼、憤怒過強，但在情緒被激發的當下，阿德來不及控制自己，髒話脫口而出，或手一揮，桌椅就倒了。

當我們遭遇壓力事件時，每個人可能都有不同的情緒和應對方式。在事件發生的當下，你可能「戰或逃」，也可能「凍結／關閉」，這些，都是你正在努力地保護自己、降低傷害。

事發後，你可能有憤怒、恐懼、沮喪、憂鬱、自責、驚嚇、麻木等感受，或是感受不到任何感受，但都沒有關係，任何情緒都是正常的。

如果你也曾深受過去的創傷經驗所苦，請你記得，這不是你的錯。是過去的經驗，讓你成為現在的自己。

自責就像一條蛇

下次當你開始自責時，你可以**試著把自責想像成某一個東西，然後放得離自己遠一些，然後感受一下，現在的你，有什麼樣的感覺**。

我喜歡用這樣具象化的方式，和個案一起晤談。

阿德告訴我，他覺得自責就像一條蛇，緊緊地勒住他的喉嚨，讓他感到難以呼吸。

我請阿德把蛇從喉嚨上移開，也問阿德，他會想要把蛇放在哪裡呢？

阿德說，他想把這條蛇放進身旁的籠子裡。蛇在籠子裡自由地移動，不再緊緊勒住阿德的喉嚨了。

想像一下，如果我們把一支衣架折成一條直線，再試著折回去，衣架還會是原本衣架的形狀嗎？不會的，衣架無法回到過去的形狀。所以，若我們過去受到創傷，我們也不可能復原成原本的樣子。

但，透過找人傾訴、諮商、運動、閱讀創傷相關的書籍、到身心科就診等方式，當我們開始求助，試著有更多的自我覺察，我們就可能長出新的自己。

因為，**每個人都具有可塑性和復原力**，神經迴路所形成的快速且自動化的反應，是有機會可以改變的。

我們不可能變回原本的自己，但我們將會長出新的自己。

童年受過的傷害，不會憑空消失，它們仍等待被輕撫

我曾經參與一個很有意義的展覽：「樂樂不見了，聆聽受傷的童年——兒少保護與創傷復原展覽」，它寫著：「童年受過的傷害，不會憑空消失，它們仍等待被輕撫。」在成長的過程中，我們可能因為受到不當的對待而受傷，但我們卻沒有機會好好處理那份過往的傷痛。我們的內在小孩不斷哭泣著。

這個世界或許沒有想像中的安全，但人與人之間的正向情感連結，是撫平傷痕最重要的力量。

當你願意試著說出口，當每個受傷的人都能被理解與支持時，傷害將不再蔓延。

註1：如果對創傷如何影響一個人感到好奇，可閱讀《你發生過什麼事——關於創傷如何影響大腦與行為，以及我們能如何療癒自己》，歐普拉・溫弗蕾，布魯斯・D・培理著，康學慧譯，悅知文化。

愛情中，覺得自己不值得被愛，可能從你和母親的依附關係複製而來

如果沒有母愛及正向的親子互動，我們無法好好長大。

在一九五七至一九六三年間，美國心理學家哈利・哈洛（Harry Harlow）進行一系列恆河猴的實驗。

他讓剛出生的小猴子離開媽媽，將小猴子放入籠子中。籠子裡有兩個人造的猴媽媽，分別是有奶瓶的鐵絲媽媽和沒有奶瓶的布媽媽。你覺得小猴子會比較喜歡哪個媽媽呢？

研究發現，小猴子除了喝奶的時間會在鐵絲媽媽身上以外，其餘的時間都緊緊依附著布媽媽，甚至在吸著奶瓶的同時，還緊緊抱著布媽媽。

原來，會讓恆河猴依附的是柔軟、溫暖的觸感，而非食物，這也打破了我們認為「有

奶便是娘」的迷思。這個實驗告訴我們，**在物質需求底下，更重要的需求是得到溫暖**。

但讀到這裡的你，可能會困惑，只有柔軟的觸感，怎麼能算是溫暖的感覺呢？

沒錯，就像你想得那樣！當小猴子長大，哈洛將牠放回猴群和其他猴子一起生活，但在籠中長大的小猴子，無法和其他猴子正常相處，時常出現退縮、自殘或攻擊的行為。

要有親子互動，才是完整的愛

這個研究給我們重大的啟發，原來，要有親子互動，才是完整的愛。光靠布媽媽柔軟的觸感，無法讓小猴子的身心健康發展。

之後，哈洛做了更多充滿爭議的實驗。他讓布媽媽射出鐵釘、水柱來攻擊幼猴。布媽媽的行為，讓小猴子嚇壞了。在布媽媽發出攻擊時，小猴子會害怕地躲起來；但當布媽媽恢復正常時，小猴子大部分的時間仍然緊緊抱住布媽媽，尋求布媽媽身上的溫暖。

這很值得我們思考，一些遭受家暴、社工評估要安置的孩子，為什麼不願意離開原生家庭？因為，我們生下來就會愛我們的父母，這是本能、是天性，不只是為了生理需求的滿足而已。因此，再怎麼糟糕的原生家庭，再怎麼可怕或缺愛的生長環境，孩子還是會依附在這樣的家庭中長大，依賴失功能家庭給予的不良照顧。

我們可以想像那些遭受家暴的孩子，對於父母又愛又恨、萬般糾結卻又捨不得離開，非常讓人心疼。

如果沒有母愛及正向的親子互動，我們無法好好長大

等到這群沒有母猴帶大的小猴子長大後，哈洛想知道「她們會成為什麼樣的母親？」但她們不會性行為，於是哈洛設計了「強暴架」（rape rack），將母猴固定住，強迫這些母猴生下寶寶。你覺得這些母猴會照顧自己生下的孩子嗎？

研究結果令人十分難過，這些母猴無法發揮母愛。牠們不會照顧幼猴，對幼猴置之不理，這些幼猴被忽略照顧；有些母猴甚至親手殺死了幼猴。

這些實驗讓人感到悲傷及震驚，現在來看也非常不符合倫理，更受到動物保護團體的抗議。因為對被剝奪母愛的小猴子來說，後果殘忍且不可逆。這些實驗嚴重傷害小猴子的心智和身心發展。

不過，從這些實驗中，哈洛告訴我們最重要的事情是：母愛是不可或缺的，如果沒有母愛及正向的親子互動，我們無法好好長大。

三種依附類型

而美國發展心理學家安士渥斯（Ainsworth）做了陌生情境的實驗。她拜訪了烏干達的二十六個家庭，提出了三種依附類型，分別為安全依附、矛盾依附，以及逃避依附。回到美國後，安士渥斯進行了著名的「陌生情境實驗」。一開始，媽媽帶著一歲左右的寶寶進入一個不熟悉的房間，房間裡擺了許多玩具，幼兒被鼓勵去探索周遭的環境。之後媽媽離開，研究員進來安撫幼兒。

安士渥斯發現，沒有幼兒會主動尋求研究員的安撫。當媽媽離開後，幼兒也不想繼續玩玩具了！對孩子而言，最重要的人就是媽媽。

原來，是幼兒和媽媽之間強烈的情感連結，給孩子莫大的安全感，讓孩子有勇氣探索世界。媽媽是無法被其他人取代的。

在經過短暫分離之後，母親又回到現場。安士渥斯想要觀察，當母親離開房間以及重回房間時，幼兒的反應如何。

她發現幼兒的反應不太一樣，可以分為以下三種依附類型（註1）。

這三個類型的孩子長大後，在戀愛關係中，和另一半的互動模式，也有很大的不同。如下表：

	母嬰依附型態	未來戀愛關係
安全依附型	「安全依附型」的寶寶在媽媽離開的時候會哭泣，但能接受陌生人的安撫。媽媽回來以後，很快地破涕為笑，在媽媽安撫之下，可以繼續玩耍。	「安全依附型」的孩子長大後，在和伴侶相處的過程中，會向對方傾訴心事，也願意聆聽對方的煩惱。 當各自忙碌時，能專注在自己的生活，不會感到缺乏安全感或過度焦慮，也願意信任對方。
焦慮／矛盾依附型	「矛盾依附型」的寶寶在媽媽離開的時候很焦慮、不斷尋找媽媽，但在媽媽回來之後，渴望媽媽擁抱卻又很生氣，甚至對媽媽拳打腳踢。	「焦慮／矛盾依附型」的孩子長大後，當另一半不在自己身旁，會覺得沒有安全感，擔心自己不夠好、害怕被拋棄，需要另一半再三保證及安撫；當兩人在一起時，明明心裡很開心，卻會假裝不在乎、故意擺臭臉，或說不好聽的話，激怒對方。
逃避依附型	「逃避依附型」的寶寶在媽媽離開的時候會尋找媽媽，但在媽媽回來的時候，表現出無所謂的樣子，甚至想逃避。	「逃避依附型」的孩子長大後，對自我和他人容易抱持負向的觀感，覺得自己不值得被愛，也覺得對方不可信賴。 在愛情關係中，傾向假裝自己很獨立、假裝不在乎對方，也不習慣回應他人的情緒，因為害怕受傷而逃避與他人親近。 需要幫忙時，不願意尋求另一半的幫助，但其實心裡仍然渴望他人的呵護。對他人冷淡，導致對方很難親近自己。

我們會把焦慮／矛盾依附型，以及逃避依附型，稱為不安全依附類型。在美國，大約有一半的人屬於安全依附型；一半的人屬於不安全依附類型。

你覺得自己屬於哪一種依附類型呢？填寫「人際依附風格量表」，了解自己的依附類型（註2）。

做完量表之後，你可能會好奇，你是怎麼變成這個依附類型呢？是你的先天氣質，還是母親的教養方式所造成的呢？

從嬰兒的先天氣質來看（見此頁表格）：

嬰兒先天氣質	氣質狀態描述	可能發展的依附類型
易養型	脾氣好，個性沉穩，通常都處於愉快心情，對新的經驗容易適應，作息規律。	較易發展為安全依附。
難養型	脾氣不好，好動、容易驚嚇、作息不規律、對習慣改變反應激烈、很久才能適應新的人和環境。	較易發展為焦慮／矛盾依附。
慢吞吞型	不好動、害羞、對新的人和環境反應很慢。	較易發展為逃避依附。

從母親的教養態度來看（見此頁表格）：

先天氣質＋教養環境，讓你成為今天的樣子

你可以想一想，父母會怎麼形容小時候的你，是好帶，還是不好帶呢？在你的童年中，你的父母通常怎麼回應你呢？

其實，是你本身的氣質，和教養環境（家庭、學校、遭遇事件）兩者的交互作用，讓你成為今天的樣子。

如果你現在身為母親，也請先不要太緊張或自責。因為，當你有時心情不好、太忙或身體不舒服時，可能會喜怒無常、拒絕或忽略孩子的需求。不過，若是「長期」喜怒無常、拒絕或忽略孩子的需求，則可能影響孩子的身心發展。

依附類型	母親對孩子的反應
安全依附	母親對孩子有及時、敏銳的反應，表情愉悅。（不是溺愛，仍有一定的行為規範。）
焦慮／矛盾依附	母親對孩子喜怒無常。
逃避依附	母親拒絕或忽略孩子的需求。

你也可以想一想，當孩子還是嗷嗷待哺的嬰兒時，你會期待孩子改變，還是大人改變呢？當然是大人！因為孩子的天生氣質是與生俱來的，並不是孩子的錯；而且，大人才有能力改變對孩子的教養方式。

例如：一位難養型的寶寶，遇到一位自己本身就是不安全依附類型的媽媽。面對不好帶的孩子，父母的情緒可能更容易失控。父母若因為孩子哭鬧等行為，對孩子發怒、不耐煩、任意處罰孩子，可能導致孩子缺乏安全感，更會發脾氣或鬧彆扭，或者更退縮；那麼，孩子最後很可能就長成不安全依附類型了。

但若養育難養型及慢吞吞型的寶寶時，父母能用更多的耐心及敏銳度，理解「孩子不是故意的」，以溫和、堅定的態度對待孩子。長久下來，孩子的適應力及情緒穩定度也會慢慢進步，孩子將來還是有可能發展為安全依附型。

也有研究發現，**媽媽和孩子的依附型態，有六、七成是一致的**。因此，從主要照顧者的依附類型，可能預測出孩子的依附類型。

依附關係是可以改變的嗎？

研究指出，依附類型若是穩定的特質，從孩子一歲到學齡前，八成以上維持同一個依附類型。成年後，有七成以上不變。這代表了我們和父母的依附關係，深深地影響未來我們和伴侶的關係。

當遭遇重大壓力事件（如父母離婚或死亡、父母或孩子有重大疾病），有三分之二的孩子會從安全依附變成不安全依附。

但若遭遇重大壓力事件，父母能妥善處理，陪孩子一起面對，孩子不一定會從安全依附變成不安全依附。例如，雖然父母離婚，若孩子還是能感受到爸爸和媽媽一樣愛他，那麼，他仍然可能是安全依附。

另外，有大約三成的不安全依附者，能夠在成長過程中，透過重要他人的善意及敏銳地回應，而轉為安全依附。

依附關係的修復，在於「重新形塑自己看待世界的樣貌」

原生家庭及過去遭遇的事件，讓我們戴上專屬於自己的有色眼鏡，用獨一無二的眼光看待這個世界。

依附關係的修復，重點在於「重新形塑自己看待世界的樣貌」，也就是讓我們看見「原來這個世界，並不全然是我原本想像的樣子」。例如，並不是所有喝酒的人都像我爸爸一樣會發酒瘋、這個世界上還是有好人等。**這些「例外事件」的發現，是我們改變的重要基礎**。

當我們練習拔掉眼鏡，你會發現其實世界可能和你看到的不同。

如果你從小覺得自己爹不疼，娘不愛，自己不是安全依附也沒有關係，因為現在長大的你，仍能透過自己的努力，對自己有更多的「覺察」，「接納」不完美但可愛的自己，以及在和他人的關係中得到安全感。這些，都能幫助我們朝安全依附邁進。

註1：後來也有不同的心理學家繼續做依附的研究，提出不同的依附型態，但這三個是最普遍的分類。

註2：如果你對於自己的依附類型感到好奇，可點選以下網址，做「人際依附風格量表」：https://www.tip.org.tw/evaluatefree11。

討厭自己、無法信任他人，很可能和「依附關係」有關

如果我們從小就沒有好好被愛，我們怎麼會愛人？

你還記得，當你小時候遇到挫折、被同學欺負或考試搞砸了，回家後，父母通常會安慰你，還是你反而會被罵呢？

我們的主要依附對象通常是父母。父母是我們長期而穩定的客體，讓我們在變動的環境中，依然有安全感。

當我們去冒險、嘗試新事物時，如果失敗了或跌倒受傷，也有人在身後可以依靠；當你覺得累了，可以回家充電，再出發。

就像學走路的寶寶嘗試站起來，搖搖晃晃地跨出第一步、第二步，他會一邊往前

走，一邊回頭看看媽媽是否還在。

當寶寶看到媽媽對他微笑、為他加油，就會得到安全感，繼續往前走。當寶寶跌倒了哇哇大哭時，媽媽會將他抱起來、安慰他。我們可以看到，**母親是孩子探索未知世界的「安全堡壘」**（secure base）。

我們和重要他人的「依附關係」，影響我們長大後的人際關係

英國精神分析師約翰・鮑比（John Bowlby）是最早提出依附關係的學者。他觀察到第二次世界大戰之後，許多孩子因戰爭被迫和父母分離，而產生人格上的影響。研究發現這些棄嬰長大後，出現智力發展不良、過動、易怒、攻擊他人的狀況。

我們和重要他人（尤其是母親）的「依附關係」，長大後，也深深影響了我們和他人的關係。孩子從媽媽身上得到安全感，從媽媽的回應中，形塑及內化正向的自我意象及對他人反應的善意期待。

我們期望照顧者能敏銳察覺及滿足自己的需求、支持自己；如此一來，我們能應付壓力情境、維持自尊及情緒穩定，建立相互滿意的關係。

當我們還在襁褓中哇哇大哭的時候，會希望媽媽可以敏銳覺察及分辨我們的需求，

及時為我們換尿布、餵奶、加減衣物、給我們擁抱等。

當我們長大後，遇到挫折時，無論是打球打輸了、考試考不好、開會遇到一大堆麻煩，或是在公司裡被老闆罵到臭頭，你一定很想找你的伴侶、家人或朋友，聽你抱怨一番，聽他們跟你說一聲：「寶貝，辛苦了。」我們都希望我們的親友能夠在我們有需要時，給予我們正向的支持。

小時候，我們與母親的互動經驗，是我們自我概念、對他人的心理意象、親密關係與情緒發展的基礎。因此，我們在生命早期與主要照顧者的互動關係經驗會被內化，成為我們的「**內在運作模式**」（internal working models），以預測未來和外界環境互動時的參考：

1. 我是不是值得被愛？

2. 這個世界是不是值得信賴的？

而這個假設形成之後，可能會讓我們的人際互動非常不同。

例如：當別人對我好，安全依附的孩子會覺得「我是被愛的」；但當不安全依附的孩子遇到別人對自己好時，可能反而會猜想：「你是想利用我，還是可憐我，才對我好？」

我們來看看另外兩個孩子A、B的故事。

A小時候遇到挫折、考試考不好、被老師罵，哇哇大哭跑回家時，媽媽不會第一時間就責備孩子，而是會聽聽孩子怎麼說、安慰孩子的難過，和孩子一起討論怎麼面對。

長期下來，**A的心裡長出安全感**，知道「無論發生任何事，媽媽都在，都有人陪我一起面對」。

因此，A無論長大後遇到什麼挫折或困難，都會傾向將他人視為是友善的。因為在支持的環境中長大，A比較樂觀、比較容易信任他人，遇到困難，也願意向他人求助。

「他不接我電話，他是不是不愛我了？」

而另一個孩子B，當他遇到挫折哭著跑回家時，媽媽卻說：「哭什麼哭，這種小事，有什麼好哭的？」當事情沒做好，被媽媽責備：「這點小事都做不好，以後還能幹麼？」甚至說：「你再不聽話，我就把你送去孤兒院！」

小學三年級開始，B決定不要再跟媽媽說心事了，因為說了只會被罵、被笑、被說太脆弱而已。

B長大後，當男朋友不接電話，也不回電時，心裡馬上連結到過去「被拋棄、不被愛」的經驗，內心的小劇場直接被啟動了：「他不接我電話，他是不是不愛我了？我是不是做錯了什麼？」於是，B一口氣打了二十通電話，嚇壞了男朋友。

這個時候，B因為生存感被威脅，他需要確認「自己是否被愛，還是真的被拋棄了」，使得理智無法控制自己奪命連環叩的行為。

在一個不被支持、接納的家庭中長大，B在人際上可能較為退縮，或對他人容易產生敵意，以及低自我價值。

相反地，當A遇到男朋友不接電話，也不回電時，可能心裡也覺得不舒服，但不會馬上覺得自己要被拋棄了，因為在過去的經驗中，A感受到被愛，爸媽是可以依靠的。A可能也在想「是不是我做錯了什麼？」但A較能理性地思考：「或許他正好在忙，手機沒放在身旁」。

如果我們未曾得到愛，我們給不出來

這樣的關係型態常會在日後的人際關係中重現。我們會發現，我們和主要照顧者

（主要是母親）的關係，會不自覺地複製到我們與他人的關係之中。

因為，我們未曾得到的，我們給不出來。如果我們從小就沒有好好被愛，我們怎麼會愛人？

我們在無形中複製了和原生家庭的關係，到我們未來的伴侶、親子關係中。這些劇本不斷重演，因為**曾經被傷害的方式，即使讓人萬分痛苦，卻是許多人唯一懂得的方式**。

我們需要很有意識地努力和不斷地自我覺察，才能避免劇本重演。

心裡受的傷，身體都記得

而且，依附是「生死攸關的事」，因為幼兒若沒有成人可供依附就無法存活。因此，依附是我們為了生存，和主要照顧者形成的關係。

例如：從小曉峰就在父親酗酒的家庭中長大，因此，曉峰很小的時候就很會察言觀色，因為他需要保護弟弟妹妹不要被打。他能敏銳地聽到鑰匙插進鑰匙孔的聲音，在爸爸進門以後，聞到空氣中是否瀰漫著酒味。

這樣提心吊膽長大的曉峰，對於未來常感到悲觀，在職場上也很難以信任他人。

我們也會好奇，為什麼小時候的事情對我們的影響那麼大？因為，**成人最多一天製造七百個神經元；而嬰兒從出生到九個月大，一秒最多可誕生兩萬個新的神經元**，是爆炸性的發展（註1）。

因此，我們心裡受的傷，身體都記得。我們頭腦中的神經迴路，記錄了遇到緊急狀況或壓力時的直覺反應，甚至在童年就已經形成「自動化的神經迴路」。出生兩個月以內發生的事，可能會影響一輩子的行為模式。你將會形成專屬於你的「解碼手冊」。這個神經迴路一旦形成，是非常自動化的，例如：曉峰下意識地就會對某個長得像酗酒老爸的男人有很深的敵意。

曉峰告訴我，他非常討厭身形壯碩的男生，或是男生身上噴某個牌子的香水，因為他身形魁梧的爸爸長期酗酒，出門總是要噴香水。

毒性壓力

若我們長期生長在一個有壓力、卻又無法逃跑的情境中（例如：目睹家暴、被虐待、疏忽照顧等），將會產生「毒性壓力」——我們的杏仁核過度活化，而這樣過度敏感的神經迴路被存在大腦中。

因此，就算我們理性上知道這不是真實的危險，但我們卻很容易把任何事情都視為危險警報，在主管臉色很差地退了你的提案、男朋友不接電話或已讀不回、路人瞪了你一眼的這些時刻，情緒被激發，馬上進到「戰或逃」或「凍結／關閉」階段中。

若你發現自己常為了一點小事就暴怒，可參考六十七頁〈過去的創傷經驗，讓你容易情緒失控〉。

遺傳或外在環境對我們的影響

你可能也會好奇，為什麼有些人在受創的原生家庭中長大，甚至遭遇許多逆境，但卻非常樂觀？有些人遭遇一點點的小挫折，卻一蹶不振？上一章有提到，是我們的基因、遺傳、個人特質，和教養環境（家庭、學校、遭遇事件），這兩者所「交互作用」而成的。

你可以想像我們的基因、遺傳、個人特質是白色的縱線，教養環境（家庭、學校）、遭遇事件是黑色的橫線，彼此錯綜複雜、縱橫交織而成一件灰色的毯子，成為我們現在的自己。

心理學家也很好奇，遺傳或外在環境對我們的影響有多大，因為同卵雙胞胎的基因幾乎一模一樣。根據同卵雙胞胎研究，發現：

- **智商**：遺傳占70％（你的考試成績好不好，基本上不會和爸媽差太多，我都會開玩笑說：「如果你成績不好，就怪爸媽好了！」）
- **性格特質**：遺傳占50％（遺傳、外在環境各占一半）。
- **價值觀**：遺傳占30％（外在環境影響較大）。

我們擁有「復原力」

那麼，為什麼有些人遭遇重大的逆境，卻仍然能樂觀面對生活呢？心理學家提到是人是有「復原力」的（也翻譯為「韌力」，resilience）！

心理學家華許（Walsh）將復原力定義為自苦難中所塑造更強韌與更有智慧的能力。我們有面對危機和挑戰的能力、能自我成長，如同「浴火鳳凰」的重生。

一九九三年，Werner及Smith對七百位在不良環境下成長的孩童，進行了四十年的追蹤研究，其中三分之一的孩童更是生長於脆弱家庭中，例如貧窮、家長罹患嚴重的精神疾病、酗酒、家暴、離婚等議題。

但讓人驚訝的是，絕大多數的孩童在長大後，仍然成為了有能力關懷他人、有自信的成人。因為這些人具備**復原力**的特質，這**是人類所潛藏的一種內在能量**，讓我們得以承受世間的苦難，繼續前行。

《走過愛的蠻荒》作者文國士的父母都是思覺失調症的病友，發病時，深受幻聽與妄想所苦。同學笑他：「瘋子的小孩！」曾令他感到羞恥。文國士也曾一度放棄自己，吸毒、飆車，差點殺人。還好一路上有奶奶的陪伴，以及遇到兩位恩師。

長大後的他，投入陳綢兒少家園，擔任生活輔導員，致力於陪伴因家庭及司法安置的逆境兒少長大。近年來，他更成立了「蛻變方成事」，培育更多生輔員投身安置機構，也讓更多人看見「安置機構人力的缺乏」——這個很少人關注，卻能改變安置兒少一生的重要議題。

你不能選擇你的家庭，但你不會一輩子都困在這個家。希望我們都能學習文國士的精神，在有限的環境中，你可以為自己做無限的選擇。

註1：摘自《你發生過什麼事——關於創傷如何影響大腦與行為，以及我們能如何療癒自己》，歐普拉・溫弗蕾，布魯斯・D・培理著，康學慧譯，悅知文化。

你內在的匱乏，會不斷驅使你的行動

覺得自己不夠好的人，拚命用各種方法證明自己夠好。

宇晴的爸爸在她國中二年級時因為一場車禍去世，爸爸過世後，媽媽的情緒就常常起伏很大。

媽媽會怨嘆自己的命不好、「天公疼憨人」根本就是騙人的、世界充滿苦難……聽久了，宇晴開始覺得自己不值得開心，也不可以開心。因為，當媽媽心情不好，但她卻跟同學玩得很開心，感覺很不孝。當發生好事時，宇晴也會覺得自己不配得到這些。

高中畢業後，宇晴刻意選了離家很遠的學校。她想遠離媽媽，擺脫媽媽對她情緒產生的枷鎖。但生為獨生女的她，卻又自責自己怎麼可以就這樣離開媽媽，真的很不應該。

只要宇晴不在家，媽媽就常打電話，對宇晴抱怨生活中的瑣事。宇晴總是敷衍著點頭，因為媽媽的抱怨千篇一律，她都能倒背如流了。

有一次，宇晴順勢接了媽媽下一句會講的話，媽媽氣得掛電話，說自己一個人含辛茹苦地養大她，怎麼現在這樣被自己的孩子挖苦。

宇晴道歉了兩天，媽媽才終於肯再和她說話。

她很難感到快樂

現在的宇晴，是一位三十歲的保險業務員，她和擔任公司主管的先生育有一子。日子過得平淡，卻也幸福，但宇晴卻發現自己很難感到快樂。

宇晴對我說：「我知道我已經很幸福了。雖然我沒有爸爸，但我在求學、工作路上都還算順利，也遇到很好的先生。

「我從小就不是一個很快樂的人，**雖然我逃離了媽媽，卻承襲了媽媽的焦慮和低潮**。我總是會胡思亂想，覺得生活不對勁，焦慮有事情沒做好。我總覺得自己仍然不夠好。

「我的生活中，有各種小事都會讓我煩惱，但當我抱怨時，朋友和先生常會這樣說：『你就是不知足。你看你，孩子考試都考前五名，公婆也會幫忙煮晚餐、接送小孩，還有什麼不好的？』『你就是太貪心，要的太多了。不知足，才會有這麼多煩惱。』

「我也總是在遲到邊緣。只要一不小心就會遲到，因為我總是把時間算得剛剛好。我捨不得早點睡，但早上就會爬不起來。當沒有睡飽，整天就很累、頭很痛，但我還是捨不得早睡。

「每天下班時，我都覺得還可以再多做一點點，導致去接兒子的時間都很趕。有一次，我因為趕時間，還把車子撞凹了一個洞，被先生罵個半死。」

內在有個洞，覺得活著好累

「我總是覺得自己不夠好。當我覺得某件事很浪費時間，我就會開始煩躁，例如，兒子寫作業拖拖拉拉，我就會很容易不耐煩，覺得他浪費了我可以處理事情的時間；但當兒子去睡了，我卻開始無意識地滑手機，根本沒有好好做我原本想做的事情……

「我也很容易嫉妒他人，覺得別人憑什麼擁有那麼多。我有在經營ＩＧ，我有個朋友脫上衣露胸肌，就有很多讚。我每次看到，都覺得他憑什麼，因此，每次看ＩＧ，就很容易心情不好，所以我最後就取消追蹤他了。我現在有兩萬人追蹤，我好希望趕快能有三萬人……但我知道，就算到三萬人，我也還是希望四萬人、五萬人……

「我懷孕那一年，還是為了業績拚命，每天都加班到很晚才回家。有一次，我昏倒送醫，孩子差點保不住。那時候，我才突然發現我真的讓自己太累了，我真的需要停下來。

「我看了很多的書，還有來諮商。我才終於發現，我的內在有個洞，那是很深很深的匱乏感，因為媽媽不快樂，讓我覺得自己不值得快樂。因為實在太不快樂了，這個匱乏感一直驅使我不斷進步、不斷努力，但這個洞永遠填不滿，無論我得到多少成就，我總是渴望可以更好。這讓我活得好累……」

宇晴好矛盾，**因為媽媽這麼不快樂，使她覺得自己不配過好的人生**，但她卻又拚了命地想證明自己值得擁有更多。

當覺得自己不夠好，拚命用各種方法證明自己夠好

當我們覺得自己缺了什麼，就會不顧一切，像飛蛾撲火般地追逐。

缺愛的人，拚了命找愛。

覺得自己不夠好的人，拚命用各種方法證明自己是夠好的。

永遠不夠好的匱乏感，驅使宇晴的行動，例如：宇晴常常捨不得早點睡；總是把時間算得剛剛好，而不小心遲到；因為趕時間，不小心把車子撞凹；總是渴望有自己的時間，但有自己的時間時卻又在放空、滑手機；嫉妒他人比自己擁有更多……

在火紅的台劇《不夠善良的我們》中，四十歲的簡慶芬有個體貼的老公何瑞之，以及一個可愛的兒子，但這看似幸福的家庭，日子卻過得了無新意，因為簡慶芬覺得生活實在太缺乏目標了。

於是，簡慶芬上網搜尋，開始偷偷追蹤何瑞之的前女友Rebecca的社群網站。簡慶芬捕風捉影地解讀Rebecca的po文，她覺得對方過得比自己好。

簡慶芬心裡的洞越來越大，她每次看了Rebecca的社群網站，就更加擔心何瑞之心裡最愛的，依然是前女友Rebecca。因為嫉妒和不安全感，最終導致她背叛了何瑞之，也差點毀了自己的婚姻。

有時候，我們的煩惱確實讓我們有苦難言，因為，大家都覺得你已經很好了，擁有的夠多了，你到底還在不滿足什麼，你怎麼這麼貪心。

我們心中的那個洞常常驅使我們過度焦慮，也因為內在的匱乏感，我們不斷追求，試圖用任何的方式填補這個洞。

但，我想你也知道，這根本就是個無底洞，是填不滿的。

而如果我們沒有去處理和面對心中的那個洞；我們沒有試著安頓自己的焦慮，改變就不可能到來。

為自己踩剎車，設停損點

改變的第一步是覺察，但**最痛苦的是**，或許你猜想得到是什麼讓你變成今天這個樣子（例如不被理解、原生家庭不支持你、高敏感的個性、曾經遭遇哪些重大壓力等），但**你卻不知道要怎麼改變**。

有時候，不管我們怎麼絞盡腦汁，都無法理解心中的洞為何會這麼深，為何對某個得不到的東西，感到如此匱乏及渴望。

不過，光是有覺察還不夠，更重要的是，別一直怨天尤人，要直接為改變付出行動！

你可以任憑心中的那個洞繼續操控你的生活，你繼續訴苦和埋怨；你也可以抱怨過去糟糕的家人和倒楣的命運，害你成為今天這個樣子。

但相反地，你也可以選擇告訴自己：「從今天起，我想過和以前不一樣的生活。我的人生不會永遠被困在過去。**我可以在有限的環境中，活出我想活的人生。**」

請你為自己踩剎車，設停損點；不然，你的人生就會繼續複製過去你和原生家庭的關係，你會不斷試圖填補你心裡那個永遠填不滿的洞。

宇晴終於讓自己停下來了。

在下一次諮商時，她告訴我：「我的ＩＧ最近更新得很慢，因為我想要好好過現在的生活。我不想再每天為了po文而焦慮。

「之前為了每天po文，很容易覺得暴躁，因此對家人發脾氣，這其實很不值得。就像你說的，好好陪伴孩子和家人，也是很珍貴的一件事情。就看我覺得什麼重要，那就是最重要的了。」

改變就從自己開始、從現在開始。

你不會一輩子都被內在的匱乏、那個隱約的不安所驅使，你可以練習看見內在的匱乏並不是真的匱乏，是你想像出來的。

練習為改變付出行動，不再讓自己被匱乏感所綁縛。例如當你又像飛蛾撲火般地追逐某個東西時（例如：名利、他人的讚美……），為自己內建一個剎車系統。當你發現自己又不小心催了油門時，請幫自己踩下剎車，為自己喊停。

閉上眼睛，練習用鼻子、耳朵感受這世界

接下來，你還可以做一個練習。

慢慢地，做幾個深呼吸，然後閉上眼睛（關掉視覺），用其他感官好好地去感受：聞一聞現在空氣中的味道（嗅覺）、細細地品嘗眼前的食物有什麼味道，而不是狼吞虎嚥（味覺）、聽一聽現在有什麼細微的聲音（聽覺）、摸一摸眼前物品的質地和溫度（觸覺）。

我們常常很仰賴視覺，而當我們關掉視覺，或許會發現生活中還有好多我們沒有覺察到的事物。

讓我們好好地「活在當下」，不為過去而懊悔，也不汲汲營營於未來。

當不斷追逐的你能停下來，看一看自己和周遭的人事物，或許，你將能看見你之前所看不見的小小的美好。

當你能開始一步一步安頓自己的焦慮，改變就開始了。

輯二

當你覺得自己不夠好，如何安頓自己的情緒？

若你總是壓抑情緒，有一天，情緒可能會反撲

接納情緒，幫助我們過更想過的生活。

最近，我遇到一位不太好談的個案。他今年快四十歲，是公司主管。他這陣子發現自己越來越容易對同事或家人發怒，吵架時忍不住會摔東西，每天需要喝酒才能入睡。

他和太太吵到快要離婚，但每次發完脾氣都很懊惱，因此前來諮商。

「我覺得我又被拋棄了。」

他的媽媽在他小學三年級時自殺過世。我嘗試想和他談談媽媽，但他覺得那都已經

過去了，談了也沒用，不需要談。

我們的晤談遇到很大的阻礙，因為他習慣抽離情緒，因此，我很難碰觸到他的情緒。其實，他就是來抱怨的。我試著找到任何可以晤談的方向，但他只是想要抱怨，覺得都是別人的錯。

不過，他覺得每一次抱怨完，心情都好很多，因此就算我覺得沒有什麼進展，他還是每週都來。一直到最近，他的太太正式和他提離婚。他講著講著，開始掩面哭泣，完全無法停下來。他已經十年恐慌症沒有發作了，但他太太跟他提離婚之後，他在電梯裡，突然喘不過氣，覺得自己就快死了。

「我覺得我又被拋棄了。小時候，我被我的媽媽拋棄，現在是我的太太……」他說。

這一次，我們終於能好好地談他的媽媽。

媽媽過世，沒掉一滴淚

自從小學三年級媽媽自殺過世之後，他的家人一如往常地過生活，沒有人再提到媽媽，彷彿這件事沒發生過一般。

他甚至沒有掉過眼淚。

「媽媽過世後，你對於這件事，有什麼感覺呢？」

「不太確定……就是感覺怪怪的。」

「我猜，你可能在想媽媽是不是不愛你，你覺得自己被拋棄了；你也會不斷猜測媽媽為何要自殺，但你沒有人可以問，甚至你覺得，就算問了，你也不可能得到真正的答案；你也好想念媽媽，但沒有人能和你一起想念。有好多複雜的感覺，但家裡沒有人可以談。這些感覺堆疊起來，讓你感覺怪怪的……」

他點點頭。

「我聽到我阿嬤說爸媽之前常吵架。我很氣我爸，為什麼他不能對媽媽好一點？如果爸爸對媽媽好一點、包容一點，媽媽是不是就不會走了……

「我好像現在才突然意識到，自從我媽走了以後，我變得很容易生氣。我會在房間裡摔東西，但我爸好像當我是小孩子在鬧脾氣。他們就讓我自己發洩，也不會多跟我說什麼。」

「所以，在你還小的時候，你就已經發現你變得易怒，常常一點小事就讓你情緒失控。我想，這些憤怒的源頭，或許就是這些沒有機會被聽見的悲傷和思念，是嗎？」

他再次點頭。

對繼母有強烈敵意

但還有讓他更無法接受的，是繼母。

媽媽自殺過世兩年後，爸爸再娶。當爸爸告訴他，交了女朋友時，他非常反彈，但爸爸告訴他：「人總是會老，日子還是得過。」

他沒有再說什麼。但他一直對繼母有非常強烈的敵意。

「繼母來了以後，你和她相處得怎樣呢？」

「她對我好的時候，我還是會表現得很開心。但我心裡知道，她就算對我再好，也沒有用。所以，我會故意氣她，像是偷繼母的東西，看她找得很著急的樣子；或我把房間弄得很髒亂，讓她氣到不行……我高中就離家了，因為，這不是我的家。」

「但我看到你越氣她、越討厭她，就代表你有多愛媽媽、多捨不得媽媽……是這樣嗎？」

我試著理解他內在的糾結。

他無法接受繼母取代了媽媽的位置。如果他接受了繼母，是不是代表他已經遺忘媽媽了？如果大家都忘了媽媽，但他絕不能忘。

「對……直到我遇到現在的太太，她知道我所有的事情。我在她面前，可以盡情地做自己。

「但我好後悔，我好像太做自己了。我常常對她亂發脾氣，她總是會原諒我。但這次，我好像無法挽回了……」

隔絕或壓抑情緒，情緒會反撲

當你試圖隔絕或壓抑某一種情緒，有一天，情緒只會從其他地方猝不及防地爆裂，對你反撲。

好多人選擇對自己的情緒嚴加掌控，或轉移注意力、裝作沒看到，也有一些人，甚至根本沒有意識到自己正在隔絕情緒。

但嚴加掌控的結果，你可能會有更多無法理解的情緒，例如無緣無故感到非常悲傷、一點小事就對他人暴怒、歇斯底里或煩躁不安。很多時候，你自己都搞不清楚自己到底怎麼了。

因為，我們不可能抹煞這些情緒。如果你選擇把過去的傷痛或負面情緒隔絕開來，那麼，你可能會感受到麻木。但當你感覺空洞、感受不到任何感受，那也不是真的安心和快樂。

當我們能好好地經歷每一個情緒，才有可能走過每一個情緒。那一刻，我們才終於完整。

當我們能如實地和自己的每個感受在一起，你才能真正感到安心和平靜。

接納情緒，不評價情緒

很多人在談情緒管理的重要性，但我認為，談情緒管理之前，要先幫助自己「接納情緒」，而不是否定、壓抑情緒。

所以，我們可以**練習正念**（mindfulness）：**覺察情緒**、**不評價**、**和情緒共處**。

很多人看到「正念」，會誤解這是正向的意思，但其實這是翻譯過來的詞，用mindfulness可能更好理解。

當然，有時候，你也會告訴自己或別人「不要生氣、不要難過」，這其實是很正常的，因為畢竟趨樂避苦是人的本能。

以下邀請你，有意識地練習接納自己的情緒。

例如：

「不要生氣。」改成↓「我現在很生氣，沒關係。」

「不要難過。」改成↓「我想哭，就哭一哭。」「我現在真的好難過。」

因為，每一個情緒都是我們的嚮導，讓我們知道自己在意的是什麼，知道有什麼事情不對勁了。認識情緒，才能幫助我們過更想過的生活。

每一個情緒都有它存在的功能和意義。下次，當情緒來的時候，我們先不要急著趕走它，試著抱持好奇心，停下來，聽聽情緒想告訴你什麼。這個情緒對我有什麼幫助，對我的意義為何。這個情緒要我學習些什麼。

例如：

・當我感到悲傷，可能代表我們失去重要的東西，那麼，為什麼這個東西對我們這麼重要呢？
・如果我感到憤怒，可能是某些權益被侵犯，感到不公平。
・孤獨可能是失去人與人的連結，因此，孤獨可能在提醒我，我需要打電話給家人或朋友聊聊天了。
・焦慮可能是「現實我」和「理想我」之間的落差感，覺得自己還不夠好，以及感受到外在環境的不可控；覺得自己還不足以應付外在的挑戰，而出現落差感。

當你有情緒時，用三個步驟，陪伴自己：

1.覺察情緒：

當你感覺到有情緒時，先停下來深呼吸。感受一下，那是生氣、焦慮、害怕、嫉妒、擔心、自卑、羞愧，還是什麼情緒呢？覺察情緒，是你陪伴自己情緒重要的第一步。

有時候，我們不會只有感受到一個情緒。情緒的底下，可能還有其他的情緒。像是**生氣的背後（表層情緒），可能還有好多情緒（深層情緒）**。

例如：考試時寫不出來，但明明這一題之前有讀過，下課時，你就對同學亂發脾氣。這個生氣的底下（表層情緒），可能有緊張、懊惱、自責（深層情緒）。

2.接納情緒：

我們往往喜歡正面情緒，想趕走負面情緒。小時候，當我們有負面情緒時，大人常這樣安慰我們：「不要生氣、不要難過」，但當你聽到不要生氣、不要難過，你就真的不生氣，也不難過了嗎？

你可以改成對自己說：

「我現在很生氣，沒關係。」

「我現在很想哭。哭一哭，沒關係。」

「我知道我現在很難過。」

唯有先接納情緒，和情緒好好在一起。一段時間後，情緒自然而然就會自己過去。

3.抒發情緒：

我們可以練習用適當的方式宣洩情緒，例如：深呼吸、離開現場、打枕頭、踢棉被、畫畫、找人訴說……找到任何可以讓你的情緒好一點的方式。

運用三步驟——覺察情緒、接納情緒、抒發情緒，你將更能好好地陪伴自己。希望我們都能允許及擁抱每一個情緒的到來，如實地成為自己。

練習接納每一個情緒；當情緒能自由流動，它會走的

我們缺的，是允許我們做真實的自己的人。

昨天有一個朋友打電話給我，他告訴我：前幾天，他因為工作上一個無法挽回的失誤而被主管責備，他覺得很難過、愧疚、自責，也對主管的處理方式感到很憤怒。而雖然他盡力嘗試彌補錯誤，但仍然造成公司的損失。

他這兩天都沒辦法睡好。平常工作忙碌可以讓他暫時不要想到這件事，但夜深人靜時，他又不由自主地陷入自責而失眠，也因為睡不好，他怕影響工作而更加焦慮。

而且到了夜晚，他會不小心想到更多以前自己做不好的事情，陷入負向思考的循環。

到底要怎麼做，才可以讓自己趕快好起來？

我問他：「這件事，你還有誰可以說呢？」

他說：「我通常都不會跟別人說，家人、同事都不會。因為我說了，他們也不會懂，他們只會跟我說『你不要想那麼多』、『你就找別的事情做就好了』、『看開一點』」。

這些話，讓他覺得不僅沒有被理解，反而感到更有壓力。

他問我：「我覺得好難過、好沮喪、好憤怒，可是我不想一直這麼難過，這真的很難受，到底要怎麼做，才可以讓自己趕快好起來？」

在我們的文化中，總是崇尚好的、正向的情緒。從我們小時候開始，當我們生氣、難過時，總會有人告訴我們：「不要難過、不要生氣！」

佛洛伊德（Sigmund Freud）提出人有生的本能（life instincts）及死的本能（death instincts）。其中，生的本能讓我們會「趨樂避苦」，我們會尋求讓我們快樂、舒服的事物，例如吃美食、旅行、購物、抽菸、喝酒等；而負向的情緒，例如難過、生氣、懊悔等，是讓我們感到很不舒服，而想要逃避。

因此，我們會喜歡正向情緒，想逃離負向情緒，這是一種本能，也是從小到大學習來的。

不過，當我們心情不好時，可能陪伴我們的人也好急，他們希望我們趕快好起來，所以「不要想太多、你已經很幸福了、不要難過、哭沒有用等」這些話就脫口而出了。

情緒是有功能的：關乎存活、幫我們讀懂內心的渴望

其實，**情緒是演化而來的**。在遠古時代，我們的祖先因為會對野獸感到「害怕」，而會努力避開危險，想辦法得以生存下來。

你可以想像看看，若我們的祖先對於野獸不會感到害怕，是個超級樂天派，那可能就沒辦法活到今天了。

因此，我們就可以理解，情緒是有功能的，而且情緒非常重要，可能關乎我們的存活。

當我們還是嬰兒的時候，就已經能敏銳覺察大人（尤其是主要照顧者）的情緒。剛滿月的寶寶對於母親開心或冷漠的聲調已經能表現出不同的反應，例如：當父母有壓力、焦躁不安的時候，孩子的情緒也會比較容易躁動。而兩、三個月大的寶寶已經產生「社會性微笑」，因為看到父母的臉、聽到父母的聲音而露出微笑。

當我們感到**憤怒**，這憤怒的情緒可能是在告訴我們，我的權益被剝奪，或是我們心有不甘。

當我們感到**愧疚**，可能是對他人感到抱歉，或覺得自己做錯了什麼。

當我們感到**嫉妒**，可能是太想得到他人擁有的一切，也有可能是覺得自己不夠好、感到自卑而隱隱作痛。

你可以想一想，這個情緒是要告訴自己什麼，試著和你的情緒對話。

「孩子，你好好地哭吧！」

最近看到陸劇《問心》中的一幕，覺得十分動容。劇中，楊阿姨的先生和兒子都在十年前的汶川大地震中過世，楊阿姨最終選擇堅強地活下來。最近楊阿姨因為心臟病再次住院，不過，她用她的熱情和樂觀，感染著周遭的病友。

另一位病友薔薇的男友，因為一場車禍，撐了好一段時間，但最終還是在醫院過世了。薔薇不斷地哭泣，楊阿姨沒有說：「不要哭、節哀順變。」楊阿姨只是抱著她，告訴她：「孩子，你好好地哭吧！」

這一刻，我跟著薔薇一起飆淚。

這是多麼珍貴的陪伴啊！

從小到大，當我們難過地哭泣時，有多少人「允許」我們好好地哭泣？我們最常聽到的安慰的話是：「不要哭、不要想太多、別難過了、事情會好起來的、你已經比XXX幸福多了！」

或是當我們生氣時，旁人會說：「息怒、啊他就是那樣，不要跟他計較啦！」

但是，越想拋下的，總是越拋不下。就像生氣時，別人跟你說「不要生氣」，你就不生氣了嗎？

我常常去各個學校演講「接住墜落的青少年——自殺自傷、憂鬱症之辨識及處遇」這個主題。我常常這樣問台下的老師：「如果有孩子跟你說，他想自殺，你願意停下來，先問他怎麼了，聽他多說一些？還是你太擔心，或覺得自殺是個不好談的話題，就跟孩子說：『你不要胡思亂想，你身旁有很多愛你的人，你已經很幸福了？』」

當你說了「不要想太多」，孩子或身邊的人可能就不再說了。

我們缺的，絕對不是勸我們不要難過、說大道理的人；而是願意允許我們做真實的自己的人。

孩子也是如此，**如果一個孩子可以脆弱，也可以堅強**，而不是總需要假裝堅強和樂觀，**他的心理將會更健康**。

書寫自己的「內在對話」

當你難過時，有沒有一個人能陪伴你好好地脆弱，而不是勸你堅強、樂觀？你的生命中，有一個人能這樣接住你嗎？

如果你身旁沒有這樣的人，我希望你可以**練習好好地陪伴自己**。下次當情緒來襲，請不要罵自己「怎麼這麼脆弱、希望自己趕快好起來」，請你告訴自己：「我現在很生氣，沒關係。我現在好難過，沒關係。」

當我們對情緒溫柔以待，情緒將能自在地流動。情緒將能成為我們生命中的嚮導，帶領我們到下個心之所向。

當你非常生氣或難過而無法自拔時，你可以如何幫助自己？

1. 情緒沒有好、壞，好好地感受情緒

唯有好好地走過情緒、感受情緒、宣洩情緒，理性才有可能出來。因此，不要急著

告訴他人：「不要難過、不要生氣、不要想太多。」也不要因為心情不好而罵自己太脆弱。就讓情緒自在地流動，自然地過去。

當然，你也可以做任何會感到舒服一點的事，來幫助自己度過不舒服的時刻，例如：聽音樂、散步、運動、找人聊聊等等。

2.情緒是有功能的：思考是什麼讓自己有這麼強烈的情緒，這個情緒想告訴我什麼？

你可以試著書寫自己的「內在對話」。

在演講中，我常會帶領一個活動：**請成員「自由書寫」十分鐘，以「我覺得……」為開頭**。所謂自由書寫是「第一念書寫」，把腦袋中浮現的念頭直接寫出來，因此在這十分鐘裡，不能停筆，不管想到什麼，都要寫下來。

「自由書寫」有三原則，即不停筆、不思考、不修改。除了呼吸之外，你就是持續動筆，放任自己的筆去釋放心裡真正的想法。如果真的想不到要寫什麼，就把心裡的OS、腦中浮現的任何想法寫出來，例如：「時間怎麼還沒結束」、「我現在肚子好餓，晚上想吃pizza」。找個安靜的地方，和自己的內在對話。

當你能靜下來，好好傾聽自己內在的聲音，你將可能發現自己卡住的點是什麼。

你也可以找人聊聊。有些人找不到合適的人，因為怕造成他人負擔，或有時我們和家人的關係緊密卻糾結。若找不到合適的人，建議可以尋求心理諮商。

有時候，我們會以為過去的事情已經放下了，但當又有事情發生時，總會想起過去那段不堪回首的往事；而原生家庭中，我們和父母的互動，父母認為你是個怎樣的孩子，也深深影響你怎麼看自己。

值得注意的是，**若只是發生一點小事，或孩子的某個不當行為，卻總是引發你非常強烈的情緒，那麼，可能是因為過去的創傷經驗**（如：從小被父母忽略、生長在重男輕女的家庭、被霸凌、被劈腿……）**所導致**。若這樣的狀況持續出現，可能需要找人聊聊，或尋求心理諮商的協助。

在尋求諮商時，當心中過往的結能被好好地傾聽、好好地梳理，甚至宣洩強烈的情緒，我們就有可能理解自己的內在究竟怎麼了，例如：在重男輕女家庭中長大，感受不到被愛、覺得自己活著是多餘的你，那麼，此刻就能開始好好陪伴那個覺得「自己不值得被愛」的內在小孩。

如果我們能用新的觀點，重新看待過去的創傷，或許某一天，我們就能有不同的生命風景。

憤怒底下，隱藏著什麼？恐懼和羞愧，讓我們對情緒更難以啟齒

唯有坦承自己的脆弱，才有可能真的長出堅強。

你看過火紅的電影《腦筋急轉彎2》嗎？電影《腦筋急轉彎2》中，樂樂一如往常的開朗，當別人遇到不好的事情時，樂樂總是告訴別人要開心、安慰對方一切都會沒事。

樂樂甚至發明了將壞的記憶球拋到大腦深處的裝置，只留下好的記憶球，餵養「信念之樹」。但後來其他的情緒們（怒怒、憂憂……）發現，**假裝一切都很好，並不能解決主角萊莉遇到的所有問題**。

在生活中，也有很多人會說：「情緒很麻煩，把它丟掉、不要管就好了！」但關掉情緒、不要感受情緒，就可以得到解脫和幸福嗎？

其實，如果你感受不到任何情緒，完全理性地思考，那麼，你是沒有辦法做任何決定的。

舉個常見的例子，如果你沒有情緒，當你看了一堆財報表，你終究無法決定你要買哪一張股票。因為，驅使我們做決定的，是你的喜好及厭惡，也就是除了理性分析，當你感覺哪一張股票對了，你才會買它。

每一種情緒都有存在的必要

不過，有的時候，情緒也不是三言兩語就能說清楚，例如有人會說：「我覺得心情很複雜，難以形容……」你也常覺得很難表達自己真實的情緒嗎？

在一九七〇年代，心理學家保羅．艾克曼（Paul Ekman）提出人有六種基本情緒：快樂（happiness）、驚訝（surprise）、恐懼（fear）、厭惡（disgust）、憤怒（anger）、悲傷（sadness）。這些情緒使我們能夠為生存選擇，做出快速的反應。

例如，當你發現對向車道的車輛突然往你切入，那短短的幾秒鐘，驚恐的情緒讓我們得以做出自動反應——我們會立刻轉動方向盤，以免意外發生。

這種自動反應是出自於杏仁核的活化，甚至在我們有意識地評估眼前的狀況前，就已對威脅做出了反應。因此，每一個情緒都有它存在的必要性：**情緒幫助我們生存**。

但，你有發現嗎？在上述的六種基本情緒裡，只有快樂是正向的情緒，驚訝通常要看後面發生的是好事，還是壞事，因為可能是驚喜，也有可能是驚嚇。而恐懼、厭惡、憤怒和悲傷，都是負向情緒。

其他複雜的情緒，例如嫉妒、委屈、內疚、寂寞、自卑等，可能是由基本的情緒混合衍生而成，或經過學習與社會化而產生。

當父母禁止我們情緒失控，我們會產生恐懼與羞愧

小時候，當我們情緒失控、大哭大吼大叫時，父母常常用以下的話，試圖禁止我們的情緒失控。長久下來，我們很容易產生兩種情緒：恐懼、羞愧。

1. 恐懼

例如父母說：「再哭，我就把你趕出去喔！」「你再鬧脾氣，警察就會把你抓走喔！」

這些話，我們可能都不陌生。

這些恐嚇的話語，讓我們停止哭泣，也不鬧脾氣了，因為**恐懼蓋過了原本的情緒**。

我們因此學習到，原來我亂發脾氣，我將可能不再被愛、有可能會被丟掉或被抓走。因此，恐懼代替了憤怒或難過。

當我們還小，我們太害怕真的會被丟掉或不再被愛，於是，我們開始學習隱藏自己的情緒。

2. 羞愧

例如父母說：「男生哭什麼哭，羞羞臉！」「這麼膽小，這有什麼好怕的！」「這點小事就哭成這樣，怎麼這麼沒用，以後還能做什麼！」

這些話，讓我們感受到羞愧、沒面子、丟臉，覺得自己很差勁、很糟糕、太脆弱。

因此，我們可能會假裝堅強、假裝自己很好、一切都沒事，或假裝無所謂，但我們的內心卻已經罵了自己千百遍。

羞愧往往帶來自責和後悔，你會罵自己「怎麼這麼愛哭、剛剛大哭大吼很丟臉、做事怎麼那麼蠢、怎麼會講出那句話、說話怎麼不經過大腦」，後悔自己如果沒有情緒失控、做錯決定、說錯話、做錯事，今天就不會變成這樣了。

用割腕來抒發情緒

我的個案君恬是個高中女生。在君恬很小的時候，她的父母離異，媽媽有躁鬱症，獨自撫養君恬長大。

君恬的媽媽情緒很不穩定，在君恬小的時候，她就有好幾次目睹媽媽作勢跳樓。而君恬剛好是個高敏感的孩子，她的內心有許多煩惱、小劇場，而身心狀況本來就不穩定的媽媽完全無法接住君恬的情緒，只會罵她：「怎麼這麼愛哭、有什麼好哭的、怎麼常常自尋煩惱？」從國中開始，君恬就會割腕來抒發情緒。

君恬告訴我，她常常感到羞愧。而一想到那些丟臉的事情，她就會開始割腕。

我問君恬，「什麼事情讓你感到羞愧？」

君恬搖搖頭，不太想說，只說：「好多事都會。」

羞愧會綁架你，讓你的內心萬分糾結，卻羞於啟齒。長期的羞愧會導致自卑、低自我價值。

而相較於女孩，男孩更不被允許表達脆弱，因為華人文化中，我們期待男生要養家活口、要保護他人，因此，脆弱是不被允許的。

我們的社會養成了更多的「硬漢」，但生活中，怎麼可能一切都好？當這些不被允許脆弱的男孩長大，他們心情不好時，怎麼辦呢？他們可能開始抽菸、飆車、借酒澆愁、爆粗口、一言不合就翻臉，甚至和別人大打出手……

除了「表層情緒」，還有藏在內心深處的「深層情緒」

當我們長大了，我們開始學會隱藏，甚至否認自己真實的情緒。當我們選擇隔絕情緒，彷彿把情緒隔開，就無所畏懼。

但，真的是這樣嗎？

我們可以區分會表現出來的「表層情緒」，以及藏在內心深處的「深層情緒」。

1. 表層情緒，是我們表現出來的情緒。

在我們小的時候，情緒表達是很直接的，我們想哭就哭、生氣就會跺腳、丟東西，因此，我們開始被教導不能有破壞行為（這的確也是個重要的學習！）。

但有更多父母禁止的是小孩的情緒，例如告訴孩子：「不要生氣、不要難過、不要哭。」

於是，從四、五歲開始，我們常常表現出無所謂的情緒。我們表現出無所謂、假裝沒事，用來保護自己、告訴自己「我沒有那麼在意」，例如被罵時撇頭、一臉倔強、無所謂或嘻皮笑臉。

若我們的情緒總是被壓制，從來都沒有人接住，我們也可能會用憤怒來掩蓋深層情緒。

2.深層情緒，是在「假裝無所謂」或「憤怒」底下還有的許多情緒，例如恐懼、羞愧、嫉妒、委屈、內疚、寂寞、自卑等。

- 當我們感到羞愧（深層情緒），有些人會見笑轉生氣（表層情緒是憤怒）。
- 當我們感到嫉妒（深層情緒），有些人會直接對當事人做人身攻擊（表層情緒是憤怒）。
- 當我們感到內疚（深層情緒），有些人會翻舊帳、攻擊對方：「你說我衣服沒摺好，你昨天碗不是也沒洗乾淨？」（表層情緒是憤怒）。
- 當孩子被媽媽罵，孩子可能嘻皮笑臉（表層情緒是無所謂），但內心感到非常委屈（深層情緒）。

深層情緒，需要被好好地理解、傾聽和疏通。當意識到自己的脆弱，可能讓我們覺得自己很糟、很渺小、比不上別人，但唯有你坦承自己的脆弱，才有可能真的長出堅強（而不是假裝堅強）。

在負面情緒來襲的當下，我們一定會感到痛苦，但我們不會一直、一直活得很辛苦。因為，我們可以練習接納每一個情緒。

當情緒能自由地流動，它會走的。只有你總是試圖壓制它、隔絕它，總是把它趕走，它才會在某一天爆炸。

如何避免孩子長出恐懼和羞愧？

身為雙寶媽的我，也總是努力深呼吸，避免說出：「這有什麼好哭的？」「不要那麼愛生氣！」這樣的話。如果你現在也有孩子，當你說出這些話，也不必太自責，因為我們或多或少，都是聽這些話長大的。

身為父母最辛苦的地方，是我們想以孩子為優先，努力回應孩子的需求，但我們仍然忙於工作（即使是家管，也是忙於家務），還有應對生活中的各種壓力（日常瑣事、經濟、夫妻或婆媳問題）。在累得半死回家的時候，我們只是希望孩子可以配合一點、安靜一點，但當孩子不配合或情緒失控的時候，我們一不小心就可能脫口而出上述那些話了。

但，我們如果能開始覺察，就能一點一滴地做出改變。我們也能做出減少壓制孩子情緒的行為，避免孩子長出更多的恐懼和羞愧。

在孩子暴怒時，幫助孩子理解自己怎麼了

如果你有孩子，你可以在孩子暴怒或大哭時，試著幫助他理解自己怎麼了，例如：「媽媽知道現在時間到了，不能繼續玩玩具（簡述語意），所以你現在很生氣（情感反應）。」這是**同理心公式：簡述語意＋情感反應。**

如果是在公共場合，你可以選擇樓梯間、走廊等人少的空間陪伴他，也能避免過於熱心的婆媽想插手幫忙。

如果孩子哭到停不下來，你可以幫助他調節情緒，例如抱抱他、轉移注意力（「你看，那邊有一隻你很喜歡的腿很短的臘腸狗」），或帶他四處走一走。

另外，還有很多轉移注意力的好方法，例如請他數一數停車場有幾輛車、有沒有他喜歡的牌子、這個環境中有哪些顏色等等。

如果你自己當下已經心力交瘁，那麼，請告訴孩子：「媽媽也好累了喔，你哭得太大聲，媽媽耳朵很痛。」

當然，孩子不可能馬上就停下來，必要的時候，你還是需要堅定地帶他離開玩具店。

因為，**接納情緒和保有界線**（現在時間到了，不能玩玩具）**一樣重要**，而不是讓孩子學到大哭大叫，爸媽就會妥協。

現在，你可以溫柔對待自己的情緒

我們可以練習擁抱每個真實的情緒，生氣就是生氣，難過就好好難過。我發現，當我試著擁抱每個情緒：好好地掉淚、好好地低落、好好地憤怒，雖然當下的確還是很難受，但當我不再壓抑或批判任何情緒，我開始能過得更平靜、自在。

我們能改變的，是表達情緒的方式，而不是情緒本身。

當我們生氣時，我們接納自己正在生氣，並且告訴自己：「我現在很生氣，沒關係。」「我知道我現在很生氣。」

我們別罵自己：「我怎麼可以這麼愛生氣？」「媽媽照顧我這麼辛苦，我怎麼可以對她生氣？」

我們不會對別人大吼大叫，而是會消化自己的情緒，或在合適的時機，告訴對方我們在氣什麼。

縱使從小到大，你的父母總是叫你「不要生氣、不要難過、要勇敢……」，但現在，你可以對自己的情緒溫柔以待。

嫉妒：嫉妒使人痛苦，卻也激勵我們朝渴望邁進

當我們覺得「不應該」嫉妒，就產生了罪惡感。

考大學那一年，她非常失落，因為她沒有考上理想的大學，就連以前高中的死黨，也漸漸變得疏遠。

「我每次打開ＩＧ前，都很緊張、心跳很快；但是不看，又會擔心不知道大家的近況。她是我高中最好的朋友，每次看她的po文，我都覺得她很棒，可以做那麼多厲害的事情；但又覺得她很愛現，每次看到這些，我都覺得自己過得很糟，心情會低落好幾天，所以後來我就取消追蹤她的ＩＧ。

「但我的po文，她都會來按讚，我男朋友就說我太小心眼了。我們還是會約吃飯，

但在吃飯前，我都要先深呼吸，然後快速瀏覽過她的ＩＧ，不然我會覺得很不好意思，她都有按我的讚，我卻不想看到她的ＩＧ……」

因為嫉妒，引發了她的內疚感。

「每次我po文，如果按讚數很少，我就會心情不好；但如果突然很多人按讚，我會覺得受寵若驚……這種起伏的感覺，真的很不舒服。」

嫉妒的背後，是自卑心作祟。他人就像我們的鏡子，激起嫉妒的，是那個內心覺得不夠好的自己。

當我們嫉妒時，表層的情緒是生氣

另一個朋友曾經對我說：「我知道我應該要知足。我現在的生活也沒有不好，有車、有房，太太也把孩子照顧得很好。但憑什麼是他升遷，他的能力又沒有我好，只是英文比較強，比較會拍馬屁……」

應該要知足，卻又覺得他人憑什麼升遷。**「應該我」和「真實我」這兩個聲音，在他的心裡打架**，讓他很痛苦。

我在國中和青少年的輔導工作中，也有孩子這樣對我說：「老師，我真的很討厭

XXX，每天都到別班晃啊晃的，好像要吸引別人注意一樣。上禮拜，我們一起出去玩，她還穿快要露屁股的短褲，真的很難看！」

當我們嫉妒他人時，表層的情緒卻是生氣。我們心裡想的是：「為什麼她的人緣那麼好？為什麼她長得漂亮、引人注意，為什麼沒有人注意我？為什麼我比不上她？」

有些人滑完Facebook、IG後，就開始心情不好。當看到別人隨便一個自拍照就得到很多讚，自己花了很多心思的po文，卻只有寥寥無幾的回應時，感到十分沮喪。

嫉妒，是一種溺水的感受，覺得心被捏住了，快要無法呼吸。

嫉妒和羨慕不同。羨慕是希望自己也能擁有他人的東西，嫉妒卻是希望他人失去他所擁有的。

羨慕是一種較為正向的感受，渴望得到和他人擁有的東西，但自己並沒有匱乏的感受。嫉妒是在羨慕他人的同時，還懊惱著自己的不夠好。

常常感到嫉妒的人，可能心裡感到自卑、自我價值低落。

當嫉妒轉為恨意

「我每天加班、做得要死。他沒做什麼事，只會拍馬屁，為什麼升遷的卻是他？」

「明明照顧你的是我，為什麼你心裡只有他？」

嫉妒讓我們糾結的地方在於：我同樣付出好多的努力，但卻得不到應有的報酬。一山不容二虎，為什麼上天總是眷顧他呢？這種怎麼努力也得不到的感受，讓人感到萬箭穿心。

這樣的感受，像小蟲啃咬我們的內心，轉為恨意。「因為我得不到，你也別想得到！」情殺、手足相殘、殺害同事朋友……這些新聞讓人感到無比惋惜。

因為我們不管怎麼努力，都得不到，而感到嫉妒，我們可能會想毀滅對方。當對方過得不幸時，我們反而鬆了一口氣、暗自竊喜；但這樣的鬆了一口氣，卻不是真的放鬆，暗自竊喜也不是真的開心。我們仍然時刻擔心對方東山再起。

嫉妒時，我們會責怪自己

很多人說嫉妒是心眼小、肚量不夠，但我覺得不完全是如此。因為嫉妒不是理性能控制的，嫉妒的感覺太難受了。

同時，我們也很難接納自己的黑暗面。我們會責怪自己：「我怎麼會這麼嫉妒他？看見別人的好，不是應該要給予祝福嗎？」**這個情緒也讓我們變得孤單**，當大家都在臉書上按那個人讚時，你卻很難跟朋友訴說這個感受，只能默默取消追蹤，以求得內心的平靜。

不過，我一直認為，情緒是我們好重要的嚮導。

情緒讓我們看見自己所缺乏的，我們可以練習讀懂情緒想要告訴我什麼。因為，當我們覺得「不應該」嫉妒，就產生了罪惡感，讓嫉妒這個感受變得更加複雜、糾結。

怎麼做，才能化解嫉妒？

第一步：是先接納自己的情緒，也就是接納自己在嫉妒他人。

沒有任何情緒是不應該存在的。嫉妒，是你此刻最真實的情緒。

第二步：讓嫉妒做我們的嚮導。

覺察嫉妒的背後，你內心的渴望是什麼，是哪裡讓你覺得自己還不夠好。

當你覺察自己哪裡還不夠好，請試著化為計畫與行動。當你真的去執行，朝自己的夢想努力，你的心也會安定一些。

第三步：當我們能發自內心看見自己的好，嫉妒就有可能轉為羨慕，你將不再覺得被他人壓迫。

當你總是覺得自己不夠好，那麼，不管你有了多少的成就，你還是無法安心。那麼，要如何才能自我肯定呢？

如何自我肯定？

我就讀彰師大輔導與諮商學系的恩師賀孝銘老師曾經說：「我們要**練習『鞏固正向優點』。只要多做好的，自然會變好。因為我們不可能改進所有的缺點。**」

在我剛考上心理師，開始接演講時，也有好長一段時間，我覺得自己不夠好。我很羨慕一位心理師朋友（老實說，的確也有些嫉妒），非常善於推銷自己。他在台上妙語如珠，耀眼而活躍。

在那一段心情起伏不定、時好時壞的過程中，有一天，我突然這麼想：「為什麼我一定要和他一樣呢？」我不可能變成他。

最終，**我找到了屬於我自己的風格**。

我的演講溫暖、能打動人心，這是我的優點。心理師朋友的妙語如珠，我學不來，但我可以做我自己。我只需要鞏固正向優點，用我擅長的方式演講就足夠了。

在那一刻，我突然鬆了一口氣。

只有你安頓好自己的心，才不會隨他人的近況激起陣陣漣漪。

嫉妒使我們痛苦，卻也激勵我們朝渴望邁進。

焦慮：隱微卻如影隨形的焦慮，讓我們被焦慮驅使，無法自拔

唯有好好聽一聽你內在的焦慮是什麼，改變才能開始。

焦慮看不見，也摸不著。當我們很焦慮、緊張時，可能會看起來不知所措、坐立難安；但焦慮有時也很隱微，如果你不說，可能沒有人會察覺。

焦慮，使我們無法安心地活著，彷彿時刻要擔心不好的事情發生。例如《腦筋急轉彎2》電影裡新登場的人物阿焦，他把其他的情緒通通趕走，占據了主控台。阿焦命令大腦工人想像、畫出各種比賽失敗的幻想，好為萊莉設想出所有潛在的危險。

阿焦霸占主控台的畫面，有沒有讓你很有共鳴？焦慮會把其他的情緒通通趕走，只剩下焦慮，無法控制的焦慮，因此，許多對未來的煩惱與擔憂被阿焦不斷地放大，最

終造成一場失控的腦內風暴。

一顆一顆焦慮的記憶球塑造「我不夠優秀」的信念，讓萊莉拚了命地努力。但萊莉也開始不斷地自我懷疑，她在球場上越發焦躁，甚至在搶球時，意外撞傷了好友葛蕾斯，被罰暫時停賽。

阿焦因此更加瘋狂地操作控制台，導致萊莉的恐慌發作、喘不過氣來。

焦慮，讓你更覺得自己不夠好

你的焦慮，讓你更容易批評自己、覺得自己不夠好嗎？

電影中，萊莉受焦慮的驅使越努力，但情緒和行為卻完全失控的這一幕，給了我們很重要的提醒。而這時候，你可能需要練習為焦慮踩剎車，放慢速度，甚至停下來，看一看自己到底怎麼了。

當你焦慮時，也需要辨識：你的焦慮是正常程度的擔心嗎？若你持續六個月以上不斷地感到焦慮，完全無法控制自己的焦慮，且影響到你正常的生活、工作等，你的焦慮就有可能變成「焦慮症」。

我還記得，從我國小到研究所，我常常會在走進班級上課時，感到心跳加速。如果有人問我：「宜芳，你到底在焦慮什麼？」我很可能一時無法說清楚。我可能是擔心今天考試考不好、不知道下課要找誰聊天、為了好朋友沒有找我去上廁所而擔心……這些焦慮如影隨形。

看起來，這些事情都不是什麼大事，而人際、課業的困擾，更是每個學生都要面對的。但有些人上學是如魚得水般地自在，我卻因為大事、小事（其實多半是小事）而感到萬般焦慮。

沒有人和我談過這些無形的焦慮，我也不知道怎麼對他人訴說。

大人關心的是功課、考試，我的成績通常都在前五名。除了脾氣比較倔強、固執，似乎不是個需要他人擔心的孩子。

大腦對壞事的反應更強烈、快速且持久

從演化的觀點來看，我們的祖先為了存活下來，需要注意是否有天災、野獸，或任何可能會傷害我們的人事物，讓我們進到「戰或逃階段」，啟動緊急反應，以保護自己（請參考六十七頁〈過去的創傷經驗，讓你容易情緒失控〉）。但**演化至今，卻變成讓我們比較容易記得不好的事，而非好的事**。

研究發現，**人們辨識生氣表情的速度比快樂的表情快了許多**。當我們瞄到生氣的臉孔，甚至還沒有意識到這是什麼表情時，腦中處理情緒的部位只要十分之一秒，就已經被活化了。而當快樂的臉孔同樣出現十分之一秒，我們的大腦卻會直接忽視。

研究指出，大腦對壞事的反應更強烈、快速且持久。因此，失去一樣東西的痛苦，比得到同樣東西的快樂，整整高了三至四倍。例如你擁有一萬元的快樂，和失去一萬元的痛苦相比，失去一萬元會讓你更感到痛苦。分手、離婚的痛苦，比起在一段愉快的關係中，讓人的感受更加強烈。

當你得到一百個好評，你卻會把目光集中在那一兩個壞評上。與人互動時，我們更容易聽到同事的八卦、是非，正是所謂的「好事不出門，壞事傳千里」。

俗話說「一朝被蛇咬，十年怕草繩」，我們對於壞事的記憶，也特別印象深刻。這是一種生存本能，能讓我們避免類似的事情再次發生，避免二度傷害。

因此，**這個機制讓我們善於生存，但卻不容易感到快樂**。下次，當你又因為一點小事而心情不好或焦慮不安時，就先別急著怪自己吧。

大吃大喝後，是滿滿的罪惡感

焦慮是一種很隱微的情緒，就算我們長大了，可能仍常常被焦慮所驅使而不自知。

焦慮驅使我們談論他人是非、怨天尤人、大吃大喝、瘋狂購物……我們以為這些方式可以幫助我們紓解壓力，但卻往往在大吃大喝或衝動購物後，感到懊悔不已。

我們常常用以為有用的方式紓壓，例如大吃大喝、吃宵夜、追劇、滑手機等方式，但其實，這些方式並不會讓我們真正地放鬆；反而在短暫的快樂之後，迎來的是滿滿的罪惡感。

唯有好好聽一聽你內在的焦慮是什麼，改變才能真的開始。

- 焦慮可能是在告訴我們：「現實我」和「理想我」之間的差異。提醒我們，準備還不夠充分，遇到的挑戰太大，也太難。
- 焦慮可能是在告訴我們：盡人事，聽天命。我們只能做到我們能做的，外在環境並不是我們可控。

焦慮讓我們想控制生活中的大小事，例如期待他人依照我們的想法做事。如果事情不在我們的掌控範圍之內，我們就會莫名地暴躁、憤怒或擔憂。

我們很容易躲到生氣的保護傘下，因為你只需要盡情發火，就不用去管為何生氣。但其實，生氣只是最外顯的情緒。生氣的底下，可能是焦慮、難過、羞愧、內疚、擔憂……如果我們沒有靜下心來覺察或探索，而是張牙舞爪地對別人，那麼，最後可能兩敗俱傷。

焦慮可能從重要他人那裡習得

有一天，我才驚訝地意識到，原來，焦慮是會傳染的。

有好幾位朋友或個案都曾和我分享，原來那些深植心中、如影隨形的焦慮，是從爸媽那裡習得的。

有個朋友分享，從小到大，只要他或姊姊的感冒超過一週還沒好，還有濃鼻涕或是狂咳，他就會看見媽媽皺緊眉頭，瞪大雙眼，焦慮地說：「怎麼還沒好！」

他還記得不只一次他很想咳嗽，但他拚命忍、拚命忍，忍了五十次，都沒有咳，但有一聲不小心咳了出來，就聽到媽媽擔心的聲音：「感冒怎麼還是那麼嚴重！」

他說：「我當了爸爸之後發現，每次只要小孩感冒，我就會很緊張，很想趕快帶他們去看醫生；如果拖了很久，都還沒好，我就會非常焦慮，但我太太都老神在在的樣子。後來我才發現，我媽媽對我的影響竟然這麼大……」

不要以為你的碎碎念，孩子總是左耳進，右耳出。其實，那些焦慮的話語，都深深埋藏在孩子的潛意識裡，**「內化」成孩子對自己說的話**。

長大後，不再是父母罵我們，而是我們自己罵自己啊！

將焦慮「具象化」，辨識焦慮、安頓焦慮

不過，現在的你，可以練習辨識這些焦慮。

如果焦慮可以幫助我們更有效率地解決問題，那就值得好好焦慮。但如果焦慮讓你容易對他人暴怒、感到煩躁不安，甚至大吃大喝或不斷碎碎念，那麼，你可以練習把焦慮擺在一旁，讓焦慮離自己遠一些。

以下是關於焦慮的練習，幫助我們將焦慮「具象化」，進一步辨識焦慮、安頓焦慮。

1. 想像一下，如果可以具體化你的焦慮，你的焦慮會長成什麼形狀，會是什麼顏色，它摸起來如何？它現在是在哪裡呢？

例如：我覺得我的焦慮是個黑色的、毛茸茸的大怪物。
它常常跟著我，在我脆弱時，突然變得很大，讓我不得不看到它。
當我非常焦慮，像是被評價時，我甚至會緊張到覺得喉嚨被掐住，無法呼吸。

______________________________。

______________________________。

______________________________。

2.太好了，你已經辨識出你的焦慮。現在，請你幫它取個名字。

例如：大壞蛋。

______________________________。

3.想一想，如果這個焦慮有了哪些改變，你會覺得好過一點？你想把它變成什麼形狀、什麼顏色、什麼質地？你也可以幫它改個名字。

例如：我想把它縮小一點，但一樣是毛茸茸的，變成像電影《龍貓》裡的灰塵精靈的樣子。

______________________________。

＿＿＿＿＿＿＿＿＿＿。

＿＿＿＿＿＿＿＿＿＿。

4.原本，你的焦慮可能如影隨形地跟著你，或突然冒出來，讓你措手不及。但現在，你可以決定它要去哪裡，所以把它安置在哪裡，你會覺得好一點呢？

例如：我想把它放在我的口袋裡。

有時候，灰塵精靈會不小心跑出來，我覺得當灰塵精靈跑出來，是在提醒我有些事情，讓我很焦慮，我需要停下來，看看焦慮想要跟我說什麼。

＿＿＿＿＿＿＿＿＿＿。

＿＿＿＿＿＿＿＿＿＿。

＿＿＿＿＿＿＿＿＿＿。

我在諮商中，**很喜歡用這樣「隱喻」的方式，幫助個案，把說不清楚的感受表達清楚**。

你也可以試試看。我發現，當我試著去改變焦慮的形象，例如當我把焦慮變成灰塵精靈的模樣，而灰塵精靈長得很可愛，焦慮帶給我的壓迫感就降低了。

當我們轉化焦慮的形象，就能好好陪伴及練習安頓自己的焦慮。

內疚：跳脫不對、不夠好的恐懼及內疚

當你感到內疚，你會想補償他人。

這幾年，許多人帶著稱羨的眼光問我：「你怎麼這麼厲害，生兩個小孩，還可以寫兩本書？」

我總是這樣回應：「很感謝我爸媽、公婆和先生的幫忙，讓我有時間寫作和演講。」

但其實，我一直為了我不是個稱職的媽媽感到內疚。雖然，沒有人說我是不稱職的媽媽，是我自己這麼覺得。

在育兒這條路上，我總是內疚

我是雙寶媽。大寶今年七歲，二寶四歲。白天，我在學校，與青少年及他們的家庭工作。同時，我也出書、撰寫專欄、四處演講。我熱愛我的工作。有演講的晚上或假日，我會請公婆或先生幫忙照顧孩子，但我也常因為沒有更多的時間陪伴孩子而感到內疚。

在育兒這條路上，有太多的事情可以內疚了。

剛生完孩子時，因為我塞奶非常嚴重，在坐月子期間，好幾次變成石頭奶，痛不欲生。護理師幫我擠奶時，我的眼淚都要噴出來了。

最後，我只餵了兩個月的母奶。但看到餵了兩年母奶的媽媽，我都覺得我好像沒有給孩子更好的。

縱使我知道，我的兩個孩子現在都長得好好的，但因為孩子有輕微的過敏；我還是忍不住會想，如果我當初餵母奶餵久一點，孩子是不是就不會過敏了？

看著同事每天回家煮飯，我為了我沒有每天煮飯而感到內疚。

我為了我沒有更勤勞、讓家裡更乾淨而感到內疚。

我為了我做事效率不足而感到內疚。家人幫我這麼多，但當我花了好多時間，一篇文章卻仍然無法完成時，我常常會責怪自己能力不足。

在現代的社會中，許多人都是雙薪家庭。身為女性，在工作上發揮所長，但社會仍然期待你要做一個盡責的媽媽。研究發現，不管是家庭主婦，還是雙薪家庭中的女性，女性還是做了較多的家事。

我也聽了好多不同的母親告訴我，她們的內疚。例如孩子在學校惹事，母親總覺得是自己沒把孩子教好；孩子有遺傳上的疾病，縱使知道不是自己能控制的，但身為母親，仍然覺得對不起孩子，沒能給孩子健康的身體。

在台灣，父親也感到內疚

那麼，父親真的有比較輕鬆嗎？

許多男性告訴我，他們會因為沒能賺更多錢，或給家人更好的生活而感到內疚。縱使現代是兩性平權的社會，但男性仍背負著家庭中經濟來源、養家活口、把家人照顧好的壓力。

有一位爸爸告訴我，在他結婚的那天，媽媽這樣告訴他：「你要把太太照顧好，不要讓丈母娘說我們沒有讓他女兒過好日子。」

我認識一對剛生孩子的朋友。太太生產後，請了一年的育嬰假。孩子一歲之後，換先生請了一年的育嬰假。

太太有一次有感而發地對我說：「當我請育嬰假時，沒有人問我為什麼請育嬰假，但當換成先生請育嬰假時，每個人聽到都會問我：『為什麼你不繼續請假？為什麼先生要請育嬰假呢？』」

因為內疚，所以想補償

《你沒錯，為什麼要覺得抱歉——放下假內疚，擺脫自責的習慣，練習與自己和解》這本書指出：「真內疚」是你真的犯了錯而內疚；而即使你沒有犯錯，也會感到內疚，這些價值觀和期望所導致的內疚，是「假內疚」。

內疚是即使實際上你並不需要道歉，但你仍然覺得需要道歉的任何事物。而當你感到內疚，你就會覺得需要用某種方式進行補償。縱使我知道我就算沒有每天煮飯、就算餵母奶的時間不長，孩子還是長得好好的；但最可怕的是，我依然感到內疚。

曾經有個媽媽告訴我，因為她堅持要離婚，她總覺得是她害了孩子沒有爸爸，因此，她盡力達成孩子的所有需求，所有的家事事必躬親。

但孩子後來網路成癮、高中休學，她開始自責，是她做太多，把孩子寵壞了所導致。而這一切，她內疚地表示，都是她造成的……

但就旁觀者而言，我們很清楚地看到，**縱使是媽媽為孩子做了太多事，孩子也需要為自己負起責任**。

因為內疚，驅使我們做出各種不理智的決定。就像這位媽媽，因為覺得是自己害孩子沒有爸爸，內疚驅使她為孩子做太多事，任孩子予取予求。

內疚的背後，是「應該、必須」

內疚的背後，是我們背負好多社會所期待的「應該、必須」。

- 「我應該要煮飯，才是好媽媽。」
- 「我應該要餵母奶，才是好媽媽。」
- 「我應該要賺很多錢，才是成功的人。」
- 「我應該每週都要回家，才是孝順。」

你也有哪些「應該、必須」束縛著你，使你常常感到內疚嗎？（可參考三十五頁

〈那些父母的責備，長大後，卻內化為自我批評〉最後的練習）。

- 「我不應該這麼晚還吃宵夜。我覺得很內疚。」
- 「孩子的成績不好，是因為我沒教好。我覺得很內疚。」

假內疚會告訴你：「你做得不夠多、你不夠好、你做得不對」，讓你開始怪罪自己、過度補償他人。**假內疚甚至驅使你為不屬於自己的事情負起責任**。內疚往往驅使我們感到自責、試圖討好他人，或做出各種不理性的決定。

練習用「旁觀者」的角度，看待自己

不過，我們可以練習找到讓自己內疚的源頭，擺脫假內疚的束縛。

在長大的過程中，我們被許多期待綑綁卻不自知。因為這是家人的耳提面命、從小的耳濡目染，是我們的生活環境、文化所帶給我們的價值觀，因此，我們很難突破束縛或掙脫。

因為，當你沒有這麼做，好像就代表不夠好、不應該、不對。這個聲音，可能來自於周遭的家人、朋友，也很可能是來自於你自己。

當我們夠堅定，才有力量去對抗周遭的聲音。**當你心裡清楚地知道：「這是你附加給我的，不是我本來就該做的。」**你才能試著把內疚與自己脫離開來，而不是使勁地加在自己身上。

我們可以試著練習用「旁觀者」的角度來看，以跳脫不對、不夠好的恐懼及內疚，再用理性的觀點來看：你沒有每天煮飯、沒有餵母奶更長的時間，孩子真的就比較不健康嗎？

下一次，當內疚又驅使你的罪惡感襲來時，請你問自己：

1.是什麼觸發了你的內疚感？

例如：昨天天氣很冷，我帶孩子出門，卻忘記幫他戴口罩，結果他感冒了。

。

2.這個時候，你對自己說了什麼？

例如：我沒有把孩子照顧好，我是個不夠好的媽媽。

怎麼我長這麼大了，還這樣忘東忘西！

3.我可以怎麼調整我的想法？

例如：除了忘記幫孩子戴口罩，我也有盡力把孩子照顧好。我能看到自己對孩子的付出和努力。

________________。

________________。

4.有什麼證據支持你的想法？

例如：孩子感冒有很多原因，不只是因為沒有戴口罩而已。

________________。

其實，你已經夠好了、做得夠多了。

你能少一點內疚、多愛自己一點嗎？

憂鬱症不是你能控制，吃藥不代表你軟弱

研究發現，藥物搭配心理治療的效果最好。

憂鬱症發病時，大學四年級的思萍躺在床上淚流滿面、動彈不得。她不斷懊惱著她今天說錯的那句話，是不是毀了她跟朋友之間的關係。

思萍連下床的力氣都沒有，想到明天要上台報告，她更覺得一陣恐慌襲來。她開始無止境地責備自己，為什麼又不好了。

男朋友在她的身邊，試著安慰她，但很顯然地，效果並不好。

清晨五點多，思萍就醒了，從她憂鬱症發病以來，她就常常會在天都還沒亮的清晨驚醒，心跳跳得好快，感覺好慌張。思萍好累，但卻又睡不著，腦中的思緒也停不下來。

她開始想著等一下報告會不會出什麼錯、覺得自己還沒有準備好。就這樣，思萍翻來覆去、半夢半醒，一直到早上八點，鬧鐘終於響起。

思萍撐著去上學，但她的精神狀況很差。一看到人群，焦慮的感覺就湧了上來。她很怕別人看見自己的脆弱，因此，她總是努力地笑著，假裝自己一切都很好。報告順利地結束了，但思萍還是花了好多時間在檢討自己哪裡講得不夠好。

每一次，都比前一次更勇敢

我和思萍斷斷續續地談了四年。

最近一次，思萍這樣告訴我：「我最近發現，每次我掉下去，下一次，我就不會再跌得那麼深，發病的時間也會短一些。例如，我一開始可能兩三個月才會好起來，但現在只要一兩天，就會好一些。

「我知道我掉下去了，但我的理智還在。理智會告訴我：『思萍，事情沒有你想得那麼糟。』這種感覺，就像有個人在高處看著我墜落，但他穩穩地在那邊。那個正常的我，試著接住墜落的那個我。

「還有一個很特別的感覺，就是當我掉下去，覺得自己怎樣也快樂不起來，以前我只要不小心一進入這個負向的思考迴圈，就要花很大的力氣，好幾天，甚至好幾個禮拜才能爬起來。但現在的我，就算墜落了，我的理智還是拉著我，帶我看到我並沒有自己想的那麼糟，事情沒有完蛋。」思萍微笑看著我。

憂鬱症仍可能來襲，但每一次，思萍都比前一次更勇敢。

只有五分之一的憂鬱症患者會尋求幫助

哲學家尼采（Friedrich Nietzsche）曾說：「凡殺不死我的，必使我更強大。」你摔倒的每一次，終將成為你站得更穩的力量。

社團法人臺灣憂鬱症防治協會指出，根據過去社區精神流行病調查發現，台灣的憂鬱症終生盛行率僅1.2％，遠低於美國的16.2％，但是台灣被確認達憂鬱症的個案，平均工作喪失天數為74.9日，高於美國的35.2日。台灣憂鬱症患者的求助比率也低，僅有20％，美國則達57.3％。

只有五分之一的憂鬱症患者尋求幫助，代表還有很多患者未接受治療。未接受治療的原因，包括不知道何謂憂鬱症，或不願承認自己罹病，抗拒治療。但憂鬱症若不積極治療，可能會讓症狀更嚴重、功能更受損，甚至增加自殺危險性。

以下介紹關於憂鬱症的幾個迷思：

迷思一：常常心情不好＝憂鬱症？

你覺得憂鬱和憂鬱症有什麼不同呢？

憂鬱是一種正常的情緒，當你遇到分手、被投訴、和另一半吵架等事件，你很可能會感到悶悶不樂，但通常幾個小時或幾天就有可能好轉。**但若憂鬱的狀況十分嚴重，且持續超過兩週**，怎樣都無法讓自己好起來，**就要留意可能是憂鬱症**。

根據精神疾病診斷準則手冊（DSM-5），憂鬱症的診斷標準共列出九項症狀。若你有五項症狀以上，且大部分的時間皆是如此，以及這些症狀已經影響到你無法正常工作、生活及社交，則有罹患憂鬱症的可能。

這些症狀如下：

1. 憂鬱情緒：快樂不起來、煩躁、鬱悶。
2. 興趣與喜樂減少：提不起興趣。
3. 體重下降（或增加）；食欲下降（或增加）。

4.失眠（或嗜睡）：難入睡或整天想睡。
5.精神運動性遲滯（或激動）：思考動作變緩慢。
6.疲累、失去活力：整天想躺床上、體力變差。
7.無價值感或罪惡感：覺得活著沒意思、自責難過……都是負面的想法。
8.無法專注、無法決斷：腦筋變鈍、矛盾猶豫、無法專心。
9.反覆想到死亡，甚至有自殺意念、企圖或計畫。

以下，也分享兩個量表，請填寫看看，了解自己的身心狀況。若分數過高，建議尋求精神科醫師或心理諮商的協助。

1.心情溫度計

簡式健康量表（Brief Symptom Rating Scale，簡稱 BSRS-5），又名「心情溫度計」，是由臺大李明濱教授等人所發展。此量表簡短、使用容易，可具體了解個人情緒困擾的程度，並依據得分結果，做適當的評估及處遇。

2.台灣人憂鬱症量表

如果你已滿十八歲且非大學生，可填寫董氏基金會「台灣人憂鬱症量表」。

心情溫度計

簡式健康量表

請仔細回想一下，最近一週中（包括今天），這些問題使你感到困擾或苦惱的程度，然後圈選一個最能代表你感覺的答案。

	完全沒有	輕微	中等程度	厲害	非常厲害
1 睡眠困難，譬如難以入睡、易醒或早醒	0	1	2	3	4
2 感覺緊張不安	0	1	2	3	4
3 覺得容易苦惱或動怒	0	1	2	3	4
4 感覺憂鬱、心情低落	0	1	2	3	4
5 覺得比不上別人	0	1	2	3	4
★有自殺的想法	0	1	2	3	4

前五題總分

0-5分	一般正常範圍
6-9分	輕度情緒困擾，建議找親友談談，抒發情緒
10-14分	中度情緒困擾，建議尋求心理衛生或精神醫學專業諮詢
15分以上	重度情緒困擾，建議尋求精神醫學專業諮詢

★有自殺的想法

本題為附加題，若前五題總分小於6分，
但本題評分為2分以上（中等程度）時，建議尋求精神醫學專業諮詢。

台灣人憂鬱症量表

	沒有或極少 每週：1天以下	有時候 每週：1～2天	時常 每週：3～4天	常常或總是 每週：5～7天
1. 我常常覺得想哭	○	○	○	○
2. 我覺得心情不好	○	○	○	○
3. 我覺得比以前容易發脾氣	○	○	○	○
4. 我睡不好	○	○	○	○
5. 我覺得不想吃東西	○	○	○	○
6. 我覺得胸口悶悶的（心肝頭或胸坎綁綁）	○	○	○	○
7. 我覺得不輕鬆、不舒服（不爽快）	○	○	○	○
8. 我覺得身體疲勞、無力（我身體很虛、沒力氣、元氣及體力）	○	○	○	○
9. 我覺得很煩	○	○	○	○
10. 我覺得記憶力不好	○	○	○	○
11. 我覺得做事時無法專心	○	○	○	○
12. 我覺得想事情或做事時，比平常要緩慢	○	○	○	○
13. 我覺得比以前較沒信心	○	○	○	○
14. 我覺得比較會往壞處想	○	○	○	○
15. 我覺得想不開，甚至想死	○	○	○	○
16. 我覺得對什麼事都失去興趣	○	○	○	○
17. 我覺得身體不舒服（如頭痛、頭暈、心悸或肚子不舒服……等）	○	○	○	○
18. 我覺得自己很沒用	○	○	○	○

加分總和，您是……

0～8分	狀況很不錯！平時能找家人、朋友聊聊天，抒發情緒：)
9～14分	您有許多事壓在心上，需多留意自身心理健康狀況。
15～18分	您有滿肚子煩惱，必要時，可尋求心理師、醫療相關協助。
19～28分	心理相當不舒服，會不自覺沮喪、難過，憂鬱已影響生活！
29～54分	須趕緊就醫或撥打專線尋求協助。

十八歲以下的孩子，可填寫「青少年憂鬱情緒自我檢視表」。

十八至二十四歲大專學生，可填寫「董氏憂鬱量表——大專生版」。

請注意，**此測驗不是診斷**，高分不一定代表你有憂鬱症。若分數過高，請尋求專業協助。

迷思二：為什麼會有憂鬱症？憂鬱症是個性太脆弱所導致嗎？

很多人會認為，憂鬱症是因為個性不夠堅強、太脆弱、太會胡思亂想，才會得憂鬱症，這也讓憂鬱症患者有苦難言。

事實上，**憂鬱症不是單一因素所引發，是生理、心理、社會等多元原因交互作用所導致的**。

1. 生物因素：大腦中的神經化學物質失去

平衡，主要是血清素、正腎上腺素及多巴胺。

2.體質遺傳因素：憂鬱症家族史，或家族成員罹患其他精神疾病。

3.心理因素：個人特質的部分，例如完美主義、高自我要求、高敏感、負面悲觀的思考習慣等。

4.社會因素（生活壓力事件）：

(1)創傷經驗或失落經驗、負面的生活事件，如：分手、沒考上理想的學校、被家暴、被霸凌等。

(2)支持系統不佳或不足：重要他人如父母或另一半過世、離婚等。

因此，憂鬱症不會是單一原因所導致，而是很多原因「交互作用」所引發的。例如一個心思細膩、高敏感的孩子，遇到一個批判性高，且總是告訴孩子「不要想太多、你怎麼這麼脆弱」的媽媽，導致孩子心中的煩惱不敢說出口，又經歷了課業及感情上的挫折，而導致憂鬱症。

倘若這個心思細膩、高敏感的孩子，一樣經歷了課業及感情上的挫折，但他剛好生長在一個接納他的情緒的家庭，他可能就不一定會發病。

從另一個角度來看，若一個身心發展良好的孩子，剛好遇到一個喝酒、家暴的爸爸，或遭遇其他創傷事件，也有可能導致他有憂鬱症。

很多人會想問「為什麼是我？」但很多時候，你真的找不到真正的原因，因為個人特質、原生家庭、壓力事件彼此交互作用、互相影響，錯綜複雜。

因此，你可能真的不知道是爸媽太過強勢，導致自己心裡過不去？還是是自己太敏感，才覺得爸媽太強勢？當我們找不到真正的原因，常常會怨天尤人；但我覺得**更值得做的是，你可以真誠地面對、接納自己的每個感受**。

難過的時候，就好好哭一場，允許自己的脆弱；同時也看見自己的勇氣。因為，脆弱和勇氣，你都有。

迷思三：我有憂鬱症，但不想依賴藥物

很多人期待一吃藥就不憂鬱了。但實際上，抗憂鬱的藥物並不會馬上生效，**服用藥物約兩至三週，才會逐漸出現療效，三個月可達到治療效果**，因此，請對醫師和自己有信心。

有些人剛開始吃藥就感受到副作用非常強烈，例如：抑制性慾、噁心、頭暈、失眠、便祕、高血壓等，因而有時吃，有時不吃。但這樣醫師很難調藥，藥效也無法出現。若因為副作用而貿然停藥，十分可惜。

因此，通常醫師剛開始會安排一週或兩週回診一次。你可以記錄用藥的狀況、副作用等，在回診時，和醫師討論，醫師會視情況調藥。

我們感冒時，也常會吃感冒藥，但感冒好了，就不用吃了。因此，你不用擔心你需要吃憂鬱症的藥一輩子，當你覺得用藥一段時間後，身心狀況有改善，可以和醫師討論停藥的可能性，而非擅自停藥。

台灣憂鬱症防治協會理事長張家銘醫師指出，理想上，憂鬱症完整的治療可分三大階段，一開始的急性期平均約需治療三個月，持續期需治療四至九個月，維持期至少持續就醫一年以上，才能達到症狀緩解、功能逐漸恢復、避免復發等目標。

有些人非常抗拒吃藥，我的觀察是：這些人的共通特質是自我要求高。他們告訴我：「想要靠自己，不想靠藥物」。對他們而言，吃藥好像代表自己很軟弱、抗壓性低；但其實，憂鬱症不是你能控制的。因此，吃藥並不代表你軟弱。

我身邊有一位朋友，因為不願服藥，導致他的憂鬱症還經歷兩次復發，時好時壞、斷斷續續地拖了七、八年才好。服藥，能幫助你縮短病程。研究發現，藥物搭配心理治療的效果最好。

而不願服藥的人，代表你的個性可能很ㄍㄧㄥ，憂鬱的時候，還要假裝自己很好、假裝一切都沒事，這是一件好辛苦的事情，也可能使你有「微笑憂鬱」的狀況。平常都笑笑的，看起來一切都很好，卻在夜深人靜時暗自流淚或萬分自責。

其實，微笑憂鬱反而風險更高。因為，沒有人知道你很憂鬱，所以沒有人能及時伸出援手。

靠自己，的確很有勇氣。但**適時求助，也是一種勇氣**。

迷思四：我應該要找心理醫師、心理師，還是精神科醫師呢？

很多人可能受國外的電影影響，已習慣「心理醫師」這個詞彙。但其實在台灣，並沒有「心理醫師」這個職稱，只有「精神科醫師」及「心理師」。

精神科醫師是受過醫學院七年訓練後（學士學位），選擇走精神科。只有精神科醫師可以「診斷」及「開藥」，在醫院執業。

而心理師分為「諮商心理師」及「臨床心理師」，是經諮商／臨床心理師高考通過，而取得心理師證照。

1. **諮商心理師**大多在各級學校輔導諮商中心／輔導室、社福機構、心理諮商所／心理治療所等工作，進行心理諮商。
2. **臨床心理師**大多在醫院工作，也有一些臨床心理師在學校輔導諮商中心、心理諮商所工作，主要工作內容為心理衡鑑及心理諮商。

值得注意的是，坊間有一些人自稱心理醫師、心靈導師、身心靈導師、靈性導師等，但並沒有受過專業訓練，亦無取得專業證照。因此，為維護個人身心健康，建議民眾在合格設立的醫院或心理諮商所／心理治療所進行相關服務為佳。

而國小到高中輔導室也有受過專業訓練的「專任輔導教師」，大學的學生輔導諮商中心亦有「諮商心理師／臨床心理師／社工師」，提供諮商服務。

此外，衛福部「15–45歲青壯世代心理健康支持方案」已上路，提供十五歲到四十五歲有心理諮商需求的民眾，每人三次免費心理諮商。可以致電附近或想去的諮商所，是否有申請此項方案。

如果你剛好不是十五至四十五歲，各縣市衛生局的「社區心理衛生中心」也都有提供免費的心理諮商服務，供民眾申請，但通常會限制次數，上網都能搜尋得到喔。

以下是免費心理諮詢專線，民眾也可以撥打專線，與專業心理師或輔導人員談談目前面臨的困擾。

因為自費諮商的費用比較高，不是所有的人都負擔得起，因此，歡迎大家好好善用身邊的資源。

全國諮詢及救援服務專線

免付費安心專線	1925	(24小時)
免付費生命線	1995	(24小時)
張老師 (中華電信撥打免費，其他電信以市話計費)	1980	一～六 9:00-21:00 星期日 9:00-17:00
免付費保護專線	113	(24小時)
免付費男性關懷專線	0800-013-999 (每日 9:00-23:00)	

衛生福利部
Ministry of Health and Welfare

輯三

當你覺得自己不夠好，如何安頓自己的身心壓力？

你有完美主義嗎？華人文化讓我們容易過度背負社會期待

就算表現不夠好，你還是值得被愛。

讀小學的華明，只要覺得字寫得不好看，他就會馬上擦掉。兩頁的生字簿，華明通常需要一小時才能寫完，還曾經有一個字用橡皮擦擦掉、重寫五次，擦到本子都破了。但從國小到國中，華明都是班上的第一名，他是父母口中的驕傲。華明也如願考上第一志願高中的數理資優班，但這個第一名的神話卻在高中的資優班徹底消失了。

華明不管多努力，成績還是二十幾名。華明的父母卻誤解是因為華明常常滑手機、不夠認真，課業才會一落千丈。

因此，華明更加認真，他甚至每天只睡三小時。在某次的段考中，華明在考試時情緒失控、又哭又笑，最後被帶出考場。

這時候，華明的父母才發現，華明承受了多大的壓力。之後，華明焦慮到再也無法進教室。高二才開始，華明就休學了。

華明的故事，可能你、我都不陌生，甚至我們身旁可能就有類似華明這樣的人。

你可能會覺得華明有完美主義（perfectionism）。完美主義是指我們會為自己設定過於嚴格或不符合現實的標準，若無法達成目標，因為我們無法容忍瑕疵及錯誤，而會否定自我價值及開始自我批評，因而產生情緒困擾。

一開始，完美主義被視為是人格特質，因此被認為是跨領域的（domain-general）：完美主義的運作會影響到所有層面，包括工作、學業、生活、人際關係等；到後來，**有越來越多的研究，認為完美主義是「領域特定性」**（domain-specific），也就是完美主義者並不一定在所有情境中都呈現完美主義的行為，例如：

- 運動員在運動領域的完美主義程度，比學業領域高。
- 一個事業有成的大老闆，可能家務事處理得零零落落，甚至好幾天都不洗衣服。

即使很痛苦，卻沒有人想放棄完美主義

「不要太追求完美！」在我們求學及工作時，可能有一定比例的人都聽過這句話，

而且，可能還是來自不同人對同一個人的建議。

我們常認為完美主義是負面的，因為完美主義常帶給人們過度的壓力及情緒困擾。但後來在許多研究中，開始強調完美主義正向的部分，因為完美主義會讓我們努力不懈，而能取得更好的成就，所以可以說「成亦完美主義，敗亦完美主義」。

不過，最耐人尋味的是，絕大多數的人都覺

完美主義四種類型

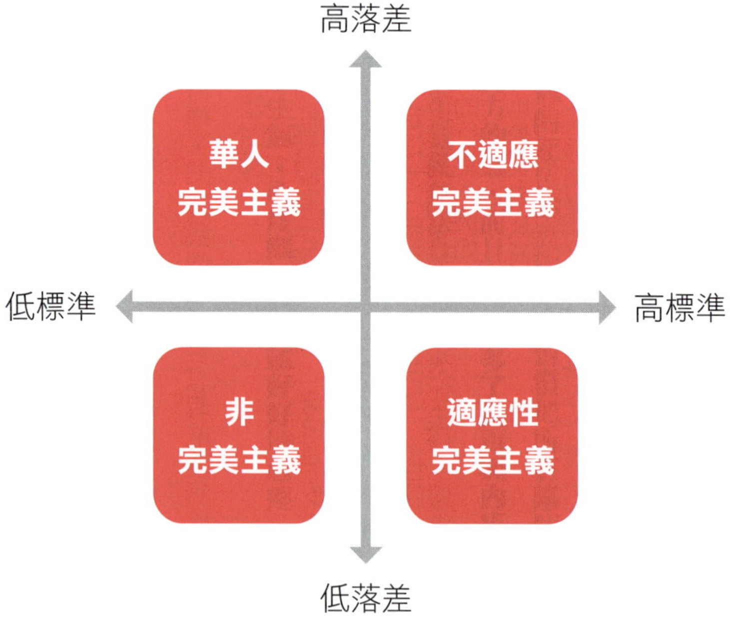

得完美主義讓他們感受到壓力及相當程度的痛苦，但卻沒有人想放棄完美主義。

完美主義可分為以下三個向度：

1. 高標準（high standard）：

完美主義者會為自己設定過高的標準，且要求自己盡全力及達成目標。

2. 次序（order）：

完美主義者在執行任務或做事情時，會要求自己維持整齊且井然有序。

3. 落差（discrepancy）：

因為完美主義者傾向於設定高的目標，因此，在現實中無法達成時，將會產生落差，導致完美主義者對自己產生負向評價以及負向感受。

其中，高標準與次序是完美主義中的正向觀點，而落差為完美主義中的負向觀點。

你屬於哪一種完美主義呢？

後來，有學者研究「落差」這個向度，將完美主義分成「適應性完美主義」、「不適應完美主義」、「非完美主義」及「華人完美主義：低標準、高落差組」（註1）（見一七四頁圖）。

1. 適應性完美主義：高標準、低落差。
2. 不適應完美主義：高標準、高落差。
3. 非完美主義：低標準、低落差。
4. 華人完美主義：低標準、高落差，這是學者研究華人完美主義時發現的第四個向度。

在華人社會，我們被期待成為好兒子／女兒、好媽媽／爸爸

前三個向度都很好理解，因此，想和大家談談第四個向度。不過，既然是低標準，為何卻會產生高落差呢？當一個人對自己採取低標準，為何卻有高的落差感呢？

其實，這個**落差感來自於「沒有達成他人的期待」**。

在華人完美主義中，有些人對於自己並沒有過高的期待，但卻仍然覺得自己不夠好。雖然現在是兩性平權的世代，但有很多男性仍然認為自己需要扛起家中的經濟重擔，就算太太的收入也不錯，但男性在成長過程中仍被耳提面命：「把太太和孩子照顧好，是你的責任！」

有一位朋友與我分享，他就算每個月的月薪有六、七萬，已超過一般人的薪水，但

卻為了買不起房子，以及薪水比太太低而自覺不足。

我們從小被教導，要替團體著想、以大局為重、犧牲小我，完成大我。華人文化的集體主義，與西方文化崇尚的個人主義很不同。因此，我們背負著社會的期待，從小，父母、師長就告訴我們要如何成為一位好兒子／女兒、好媽媽／爸爸、好丈夫／妻子……

因此，你可能並沒有哪裡真的做錯，或是做得不好，但父母或社會的期待卻仍然讓你不斷去檢視你是否符合社會角色的標準，甚至壓得你喘不過氣來。

完美主義，可能從原生家庭而來

如果你在一個高期待、高批判的家庭中長大，父母的回饋常常讓你覺得自己永遠不夠好，那麼，你可能會缺乏安全感。

因為你會覺得，如果我的成績不夠好、如果我沒有成就，我就會是一個不值得被愛的人。於是，在這樣的家庭中長大的孩子，可能**習慣「以成就來換取愛」**。

而如果你是在一個被忽略的家庭中長大，父母可能因為工作忙碌、身心疾病、經濟因素、夫妻或婆媳失和等原因，無法好好回應你的情感需求。

因此，無論你多麼努力地呼喊、渴望被愛，都沒有人能看見你、肯定你，甚至，你連「被在乎」的感覺都感受不到。於是，你開始學會靠自己或靠努力獲得成就，因為，身旁的人都不可靠，你能靠的只有你自己。

無論是習慣「以成就來換取愛」或總是靠自己，現在的你已經長大了，你可以把自己愛回來。**你就算表現不夠好**，你還是值得被愛，至少，**值得被自己好好地愛**。

完美主義者不管成功或失敗，都非常辛苦

你可能也會好奇，追求完美，不好嗎？著名的心理學家阿德勒提出自卑感（inferiority feelings），他認為人的自卑感是一種正常的心態。自卑感不代表脆弱，它是我們奮鬥向上的原動力，促使我們追求卓越。此處的卓越並不是超越別人，而是改變自己，希望自己能不斷超越自己。

為了克服自卑，所以我們追求卓越。

不過，對一個完美主義者來說，當我們成功時，我們不自覺提高了標準，覺得自己下次要更好。但這也代表著，我們的成功沒有盡頭，因為，比較是永遠比不完的，你永遠有進步的空間；而失敗時，「落差感」使我們貶低自己、降低自我價值。因此，

完美主義者不管成功或失敗，都非常辛苦。

「無論發生任何事，都無損於你生命本質的美好。」我好喜歡這句話，聽著就覺得安心，也想把這句話送給常常自我懷疑、覺得自己不夠好的你。

下一章，我們來談談，當完美主義讓你感到痛苦，你可以怎麼幫助自己。

註1：引用自Wang, K. T., Slaney, R. B., & Rice, K. G.（2007）. Perfectionism in Chinese university students from Taiwan: A study of psychological well-being and achievement motivation.*Personality and Individual Differences*, 42（7）, 1279-1290.

在「被比較中」長大的我們，練習放下「以成就換取愛」的習慣

當你承諾要當一個好孩子，你就失去了犯錯的權利。

你覺得完美主義就是那種十分認真、任勞任怨的人嗎？其實，你的「**拖延症**」，**可能也是源自完美主義**。

有時候，我們太難達成心中所期待的完美成果，因此，我們開始拖延。例如覺得報告寫得不夠好，不斷修改。明明凌晨零時要交作業，卻在十一點五十九分才送出，一直拖到最後一刻才願意交出報告，但仍然覺得報告不夠好。

完美主義容易導致「習得無助感」

另外，「習得無助感」也有可能是完美主義所導致。

沒有人從一開始就放棄努力，但當你一直努力，卻不斷失敗，可能產生習得無助感，最終，你認為自己就是魯蛇、失敗者，選擇消極以對以乾脆放棄。

塞利格曼（Seligman）教授在一九六七年提出知名的「習得無助感」（learned helplessness）理論，他以狗進行操作制約學習的實驗。

塞利格曼教授把狗關在籠子裡，對狗施以電擊。狗一開始大叫，亂竄地想要逃離籠子，但最終發現自己逃離不了，狗開始不再掙扎。狗趴下來，默默忍受著電擊，聲音也從宏亮的吠叫聲變成低聲哀鳴。

之後，把狗放進另一個籠子。這個籠子中間放有隔板，隔板的高度是狗能輕易跳過去的。當狗經歷電擊時，牠沒有想要試圖跳過隔板，牠只是趴下來，忍受電擊的發生。

而對照組的狗直接被放入第二個籠子，牠沒有經歷過第一個籠子中無法逃脫的電擊。對照組的狗輕易地就跳過隔板，成功地避開電擊。

為什麼實驗組和對照組的狗會有如此懸殊的反應呢？因為，實驗組的狗產生了「習得無助感」，因長期挫折而產生「哀莫大於心死」的心理狀態。

而我們的自我挫敗，認為自己怎麼努力，都不可能會成功，也是同樣的狀況。

自責無法讓人變完美

做完美、不能犯錯的自己，是多麼辛苦的一件事。

有很長的一段時間，我常常感到自責及後悔。我的腦海中徘徊著曾經說錯的某句話、做錯的某個決定，或覺得自己某件事做得不夠好……這些責備自己的話語排山倒海地襲來，讓我萬分煎熬。

但後來我發現，自責完全無助於我變好。

自責，是「自我攻擊」的一種情緒：批評自己沒有把事情做好，責備自己怎麼這麼糟。

事實上，**自責無法讓事情變好，反而讓我們將改變的能量用來自我批評、攻擊自己**。

理想我，是我們期待自己成為的樣子；真實我，是心中認定自己的樣子。當「理想我」和「真實我」之間的差距越大，代表我們離自己心目中理想的樣子越遠，可能會過得越辛苦。

而當我們沉浸在負向思考的迴圈中無法自拔，可能出現憂鬱、自責、懊悔等情緒，導致你更加認為自己就是一個「不夠好」的人。

當我們相信自己不夠好、不值得被愛，可能會花很多時間在責備自己的「真實我」，反而更難將力量用在達成「理想我」上面，形成惡性循環。

成為好孩子，就失去了犯錯的權利?!

從小，我就被認為是個好孩子，而當好孩子可以得到很多好處，例如老師的關愛；比賽得獎，上台領獎；接受同學羨慕的眼神；擔任班級幹部，擁有發號施令的權力。但最可怕的是，當你承諾自己要當一個好孩子，你就失去了犯錯的權利。

考試時，我總是努力地寫，努力地想考一百分。常常為了不該錯的題目，或是幾分之差，而心情不好。

在這社會上，可能有很多人看起來光鮮亮麗、功成名就，他們努力工作、把握升遷機會、賺更多的錢、買房子及車子，他們用外在表現來證明自己是夠好的。但就算擁有再多的金錢或頭銜，內在可能仍然感到空虛、害怕失去。

其實如果要擁有這些外在事物，才能代表自己是個夠好、是值得被愛的人，這真的是件好辛苦的事。

當自我認同不穩定時，仍然會活得戰戰兢兢，害怕哪一天會失去所擁有的一切，害怕一旦沒有了這些外在事物，自己將變得一無是處。

其實，一個自我認同穩定發展的人，能做到「勝不驕，敗不餒」。就算失敗了，自我價值也不會輕易被動搖。

為什麼我們總是要用外在事物，證明自己的價值？

我們從小就在「被比較」中長大，例如：考試考得好不好、比賽第幾名、考上哪個學校、人緣好不好、臉書或ＩＧ有多少人按讚。

我們在華人文化中長大，從小，父母、師長就告訴我們：「人外有人，天外有天」、「滿招損，謙受益」、「稻穗越豐實，頭便垂得越低」。父母、師長總要我們向他人多學習，而得獎時，也會提醒我們不能驕傲。

當接收到他人讚美時，我們總是說：「我只是運氣好啦！」「還好啦！也沒有你說得那麼厲害。」當我們崇尚謙虛是一種美德，告訴自己「做不好是不應該，做得好是理所當然」時，我們就很難學會自我肯定。我們也經常放大別人的優點；卻放大自己的缺點，看不見自己的優點。

希望我們能做真實的自己，不用做完美的自己；讓「理想我」和「現實我」更靠近一些。

允許自己犯錯，再來修正；而不是努力不犯任何錯。如此一來，我們都能更誠實地面對自己，不需要偽裝，也能活得更安心。

如同上一篇所提到的，完美主義的「高標準」並不是造成你痛苦的來源，我們會感到煎熬、挫敗和自責，是來自於「落差感」。

如何降低完美主義帶來的痛苦？

那麼，我們要如何幫助自己，降低完美主義帶來的痛苦呢？

1. 重新框架（reframing）：

我們每個人都有屬於自己看待事情的眼光，這也是每個人解釋事情的原則和依據，但，這也讓我們有時被自己給「卡住」了。

通常這時候，心理師會將個案描述的事件，進行重新詮釋，指出新的正向意義，以新的視野來詮釋原有問題。簡單來說，就是**幫助個案「換一個角度」看問題，讓個案的受苦帶來新的意義**。

當我們能以新的眼光，解讀原本困擾我們的事件時，就可能產生新的觀點。接著，就能轉換心態、重新看待問題的正向意義，擬定新的策略。

淑敏是家中的長女，她從小就跟著媽媽照顧體弱多病的弟弟，還幫欠錢的爸爸還錢。

但淑敏很討厭別人用「能者多勞」這個詞彙讚美她。淑敏羨慕別人的人生，可以活得自由自在，不像她，即使出門在外，還要掛心家裡。

雖然淑敏從小就辛苦，但淑敏從不曾向媽媽抱怨。但媽媽彷彿知道淑敏心裡想什麼，有一次，她牽起淑敏的手，告訴她：「謝謝你。媽媽覺得媽媽身邊有你，真的是最幸運的一件事！」後來，弟弟也常感謝姊姊的照顧。

那一刻，淑敏覺得得到了救贖。

淑敏知道自己並不是因為能者多勞而做，這些付出就是她對家人的愛。當她「重新框架」了自己的辛苦，心態就變得不一樣了。

其實，「能者多勞」也是一種重新框架，但不一定所有人都能接受，有些人覺得這是讚美與肯定，有些人覺得就是這四個字造成自己的壓迫和束縛！因此，最關鍵的是，**重新框架不是一味地要自己正向思考，而是為自己的苦難找到自己能接受的新的意義**。

2. 降低「落差感」：

因為完美主義者傾向於設定高的目標，因此，無法達成既定目標時容易產生落差，導致完美主義者對自己的負向評價以及負向感受。

而且，當我們成功時，我們可能不小心就提高標準，覺得好，還要更好。例如這次考全班第五名，下次想進前三名。下次考了全班第二名，卻期待之後希望校排可以進前十。

我就是這樣的一個人。有一天，我才赫然發現，我總是看著目標一步步前進，這讓我覺得自己不管得到多少，都還是不夠好。**我也沒有停下來享受每個付出所得到的甜美果實**，還錯過了過程中每個瑰麗的風景，這是多麼可惜的一件事。

其實，完美主義並非不好，完美主義讓我們努力不懈，而能取得更好的成就，幫助我們一步一腳印，達成夢想。

前一章提到適應性完美主義就是高標準、低落差；而不適應完美主義者有高標準、高落差。差別就在於「落差感」的高低。

如果你總是不斷提高標準，你的成功將沒有盡頭。因為，比較是永遠比不完的，你永遠有進步的空間，因此，你總是覺得自己不夠好；而失敗時，落差感使你貶低自己、降低自我價值。不管成功，還是失敗，你都感受不到快樂。

你可以換個角度，**看見自己已經擁有的**，而不是總是去看你沒有的嗎？

你常為了小事把自己批評得體無完膚嗎？有條件的愛，造成有條件的自尊

這件事沒做好，不代表我就是個不夠好的人。

你覺得你對自己有自信嗎？還是你常為了一點小事，就把自己批評得體無完膚呢？

我們先做一個簡單的心理測驗。在職場中，當同事說你做的報告不夠好時，你會怎麼回應他呢？

A.「好的，謝謝你跟我說，我回去看看是否需要修改。」
B.「你自己昨天也弄丟一個客戶，還好意思說我！」
C.「我就知道我真的做不來，果然都是我的錯……」
D.「好像真的是我的錯，怎麼辦？」

從心理學的觀點來談，自尊是指一個人對自己的整體評價，例如：喜歡自己嗎？覺得自己是否有價值？是否值得被愛？

中國清華大學趙昱鯤教授在著作《無行動，不幸福》中，將自尊分為以下四種類型，也是上述心理測驗的解答。即選A的讀者，屬於穩定高自尊，選B的讀者，是不穩定高自尊。選C的讀者，是穩定低自尊。而選D的讀者，是不穩定低自尊。分析如下：

A.穩定高自尊

穩定高自尊的特徵是「勝不驕，敗不餒」。開心的時候就表現出開心，傷心、失落時，也能真實地表達自己的負向情緒。

當事情做不好、被他人糾正，或失敗時，你能坦然接受，不會產生太強烈的負向情緒，也比較不會因為事情的不順利而影響到自我價值。

一個穩定高自尊者，可能是在一個「無條件的愛」的家庭中長大。在這樣的家庭中，父母的情緒比較穩定、對事不對人，因此**孩子會感覺到：不管自己做得好，還是做**

不好，都是被接納和理解的。

B.不穩定高自尊

不穩定高自尊者的自尊是表裡不一的。他們的外在雖然表現出很高的自尊心，看起來很有自信；但內心深處，還是覺得自己不夠好。

這樣的人看起來很有自信，但當別人說他哪裡做得不夠好或不對時，卻很容易惱羞成怒。平常看起來是個有自信的人，但卻容易受到他人的影響而心裡產生波動，這就是自尊的「穩定性」受到影響。

因此，不穩定高自尊的特徵是「玻璃心」，被他人批評時很容易惱羞成怒，甚至會反擊對方，例如當先生說：「你碗沒有洗乾淨。」太太可能會反擊：「你也沒有把衣服摺好，還說我！」不過，太太反擊的背後，可能也是覺得自己沒有做好。

不穩定高自尊者的自我價值很容易隨著事情成敗而不斷起伏，這樣的人常需要靠著外在的成就來證明自己是夠好的，因此這是「有條件的高自尊」。

不穩定高自尊者常見的防衛機制是「投射作用」。他們把自己的脆弱及黑暗面投射出去，因此，不穩定高自尊者比較容易反擊他人，以證明自己並沒有那麼糟；但實際上，不穩定高自尊者雖然表面上反擊他人，卻很容易在心裡不斷地責備自己。

C.穩定低自尊

穩定低自尊的特徵是「逆來順受」，例如在職場、生活中常見的「討好型」的人。當事情出錯時，穩定低自尊的人可能在第一時間就會說：「對不起，這是我的錯！」不論究竟是不是自己的錯，都會先道歉再說。

當被欺負、被推工作時，也不敢生氣或反擊。有苦，默默往肚子裡吞。而受到表揚時，會表現出不好意思的樣子，覺得自己不配接受。

穩定低自尊者的防衛機制是「逃避」，在第一時間認錯或道歉，不再為自己出聲。或是乾脆平常什麼都不做，以避免做了，還得到負向評價。這是他們保護自己的做法。

穩定低自尊者可能會把希望放在他人身上，例如期待子女以後出人頭地，他們會覺得「我這輩子就這樣了，但你跟我不一樣！」以得到自尊的些許補償。

D.不穩定低自尊

不穩定低自尊者的特徵是變化大。在一些比較友善的環境中，他們比較敢表達自己的意見；但倘若環境是一言堂，或是氣氛比較不友善，他們可能傾向選擇以他人的意見為意見。

不穩定低自尊者雖然看起來對自己沒自信，但內在仍隱約覺得自己是有價值的，因此會隨環境表現出不同的樣貌。

不穩定低自尊者的防衛機制是「防禦型悲觀」，例如我們以前當學生時，一定遇過這種同學，他們常會這樣說：「我都沒有念書，我肯定會考得很爛。」但當考試成績一出來，他們的成績卻很不錯。

當事情發生時，不穩定低自尊者會先設想到最糟糕的結果，為自己先找台階下。

做完這份心理測驗，也看到這四種的自尊類型，你覺得自己是屬於哪一種類型呢？

自尊是一個複雜的心理特徵，它可能受到個人經歷、環境和文化等多種因素的影響。不過，不論你覺得自己是哪一種類型的自尊，那都是你為了生存下來，而形成最適合的狀態了，因此，請不要覺得自己很糟或感到沮喪。

有條件的愛，造成了有條件的自尊

如果一個人從小就能好好地被愛，父母能陪著你面對生活中的每個挫折，那麼，你可能發展成穩定高自尊。

如果一個人從小總是在疏忽、否定、謾罵、嘲諷中長大，那麼，你很可能變成穩定低自尊。

那麼，為什麼會產生不穩定高自尊呢？這是來自於「父母長期給孩子有條件的愛」。有條件的愛，造成了有條件的自尊。

例如：當孩子考差了，父母並沒有安慰他，或去同理孩子的挫折、理解孩子的困難；而總是責怪孩子為什麼沒考好。

長久下來，孩子感受到的可能是「只有我考得好，才值得被愛」。當一個孩子需要努力做到某件事情，才會感到自己值得被愛，就可能會形成「不穩定高自尊」。

或是當孩子哭泣時，父母總是對孩子說：「這有什麼好哭的！你怎麼那麼脆弱？」久而久之，孩子可能很難去接受自己真實的情緒。

當孩子因此開始戴上面具，也不敢輕易表達真實的自己，因為真實的自己可能是不被愛的。而長期壓抑自己真實的情緒，也可能導致不穩定高自尊或不穩定低自尊。

如何提升自信心？

如果你常常玻璃心碎滿地，可以如何提升自信心，多愛自己一些呢？

1. 檢視自己的防衛機制

防衛機制是保護我們不受傷、維護自尊的重要方法，但如果我們總是逃避問題、責怪他人、擺爛放棄，覺得「那就不要做好了！」「這不是我的錯，是你的問題！」「我就爛，我就是做不來。」**這些想法雖然讓我們在當下感到好過一些，但卻讓我們很難真正面對問題，也沒有進步的機會。**

下次，當你又想逃避問題、責怪他人、擺爛放棄時，請「有意識地覺察」自己正在逃避。

當你因為某件事情而覺得自己很糟時，請**練習「對事不對人」**，例如：我這件事情沒做好，不代表我就是個不夠好的人。

這樣一來，當我們某件事情沒做好時，我們可以改進做法，但不會傷了我們的自尊心。

2.放大成功的經驗，看見自己每個小小的好

希望現在的你，也能**真心看到自己每個小小的好**。邀請你寫下五件覺得自己做得好的事情，不限於要被人肯定或得到好的成就，只要是覺得自己做的好的事情都可以。

例如：「我今天做了一件蠢事，但我沒有罵自己」、「我今天早上起床對自己微笑」、「今天早起幫全家做早餐」、「很享受今天在澆花的時候」……等。只要你覺得是優點，它就是。

1. ＿＿＿＿＿＿＿＿＿＿。
2. ＿＿＿＿＿＿＿＿＿＿。
3. ＿＿＿＿＿＿＿＿＿＿。
4. ＿＿＿＿＿＿＿＿＿＿。
5. ＿＿＿＿＿＿＿＿＿＿。

如果你能想到更多自己做得好的事情，也歡迎你把想到的通通都寫下來。

＿＿＿＿＿＿＿＿＿＿。

＿＿＿＿＿＿＿＿＿＿。

＿＿＿＿＿＿＿＿＿＿。

如果你寫不出五個優點，代表你把自己的優點視為理所當然。所以，你看不到你的優點，看到的都是缺點。

大三的我，開始尋求心理諮商。還記得一開始某一次諮商，心理師請我回去每天寫下自己的一個優點，下次諮商時，我回去告訴她：「我想不到我的任何一個優點，因為這些都是我『應該』要做到的！」你應該可以想像，那時候的我對自己有多嚴格，我讓自己過的多辛苦！

如果你一下子寫不出五個優點，**邀請你每天寫下你的一個優點，這將成為你的「優點存摺」。當你下次又開始罵自己時，拿出來看一看！**請記得，你要開始練習：看到自己的優點要比缺點多，才不會入不敷出呀！

3. 降低自我要求

有些人在達成某個成就時，就會馬上為自己設定下一個目標。不過，這樣的人，不管怎麼努力，永遠都覺得自己不夠好。因為一山還有一山高，當達成一個目標，總還有下個目標可以達成。

若你不斷地提高自我要求，你將永遠覺得自己不夠好，這會讓你活得很辛苦。因此，**學習適度地調整對自我的要求，也是很重要的。**

自尊是有可能變動的。參考上述的自尊公式，能幫助我們往「穩定高自尊」邁進。

「高敏感」讓你覺得自己不夠好，但高敏感也是專屬於你的天賦

高度同理心、豐沛情感、思慮周全，是高敏感族珍貴的能力。

從小到大，你會不會覺得自己很難搞？又或曾經有別人說過你難搞嗎？你會為了一點小事煩惱很久，常常感到焦慮或有罪惡感，覺得自己很多事情都做不好嗎？

美國心理學家伊蓮・艾融博士（Dr. Elaine Aron）在一九九六年提出「高敏感族」概念。她指出：高敏感族很容易受到外在環境的刺激所影響，例如：容易被他人的情緒影響，或無法待在有過多刺激的地方。

另外，高敏感族的五感（視、聽、觸、味、嗅覺）比一般人更加敏銳，所以以下的這些不舒服容易被放大，例如一點點的菸味或香水味就無法忍受、受不了人多嘈雜的

地方、不喜歡他人的肢體碰觸、皮膚容易紅腫發癢等。

一般來說，我們比較喜歡樂觀開朗、活潑外向的人；因此，高敏感族可能會被外界認為想太多、太脆弱，而承受莫名的壓力。

高敏感者可能在很小的時候就表現出來，例如寶寶容易哭鬧、晚上不好入睡或容易驚醒、好動、容易受到驚嚇、作息不規律、對習慣改變反應激烈、很久才能適應新的人和環境。

我們稱這樣的孩子是「磨娘精型」的孩子，很考驗父母的耐性。

每五人中，就有一人是「高敏感族」

如果你家有高敏兒，父母通常會難以理解孩子到底怎麼了，甚至感到頭痛。因為生活中可能會有各種眉眉角角讓孩子暴怒，父母也跟著抓狂。

例如我們家二寶三歲時，每次洗手後，只要袖子有一點點濕就會暴怒，或手沒擦乾也生氣。有時候，一張擦手紙還擦不夠，想跟我要第二張時，我覺得很浪費，不想給，二寶下一秒就爆哭。

話說回來，其實我自己就是高敏感族。小時候的我有許多煩惱，但在大人眼裡，這些都是小事。

例如讀國中時，我會因為考試考得不理想而心情不好，氣自己粗心大意，為了一、兩分而自責不已。我也會因為好朋友沒有找我去上廁所，而擔心自己做錯了什麼，或是覺得被疏遠了。我常常因為小事煩惱非常久，很快地，又有新煩惱。

許多有人際或情緒困擾的孩子，常屬於高敏感者，例如多愁善感、心中常有許多小劇場、情緒起伏大、自我要求高、較容易負向思考及有負向感受（如自責、罪惡感）（註1）。

其實，高敏感不是你的錯。根據研究，每五人中，就有一人是「高敏感族」，你並不孤單。

高敏感族的珍貴能力

有很長一段時間，我覺得我受夠自己的高敏感了。常常因為一點風吹草動就心情不好，很容易受到外界事物影響，讓我感到很難受，也很痛苦。

不過，自從讀了《高敏感是種天賦》（註2）這本書，我深深的覺得被同理了。正如書名所說，高敏感就是種獨一無二的天賦。

高敏感使我受苦，但也因為我有這麼多細膩、複雜的感受，讓我成為心理師，不但試著療癒自己，也更能理解他人心中的苦。因為別人的苦，我也曾經走過。

你可能還有許多珍貴的能力，例如：

1. 擁有豐沛的情感及豐富的想像力，容易受感動，更能體會世界的美。
2. 有高度的同理心，很能替他人著想。
3. 思考有深度且多面向。
4. 做事周全、謹慎、細心。
5. 能辨識聲音或氣味極小差異。
6. 可同時接收到外在的多項訊息。

如果你是個高敏感者，可以這樣幫助自己

1. 享受自己的高敏感

這幾年來，我發現我越來越喜歡自己的高敏感。

例如當收聽一些社會議題或深度訪談節目，又或有時僅是生活中的一些小事，都會讓我深受感動。

我也很喜歡享受大自然的蟲鳴鳥叫，享受與他人在一起談心的時光。我對於很多事物有強烈的好奇心，願意有更深入的學習、享受學習。

也邀請你思考看看，你的高敏感有哪些和別人與眾不同的地方呢？

2. 你只是需要一個可以接住你的人

你會因為一點小事而雀躍不已，但也常因為一點小事就心情不好。當有一個人能接住你、不批判、好好聽你說話，你就會好多了。

3. 練習愛自己、與自己的高敏感做朋友

如果你的生命中，總是缺一個可以接住你的人，或他人對你的不解和質疑，讓你很受傷。請記住，現在的你已經長大了，你可以練習接住你自己。**你就是你自己最好的朋友**，也是最了解自己的人。

小時候，我們可能因為別人說自己想太多、玻璃心，但現在，你將越來越能與你的高敏感共處。

4. 練習自我照顧、不讓自己的五感受到過度的刺激

你知道哪時候你會不舒服，例如你對於聽覺很敏感，你可以減少參加人多嘈雜的聚會，或減少和不熟悉的人進行社交。**為自己立下界線，或適時喊停，是你照顧自己的好方法**。

在遊樂園裡，你可能不喜歡雲霄飛車，但這並不代表你不能享受遊樂園的活動，其他溫和的設施（像旋轉木馬），一樣能讓你能享受其中。

你可能不喜歡跨年晚會或看一〇一煙火人擠人，但在家裡，和心愛的人看電視轉播，也可能讓你覺得無比幸福。

當你心情不好時，你也可以透過運動、和朋友聊聊、寫日記等方式安頓自己。

5. 接納高敏感帶給自己的辛苦

凡事都是一體兩面，高敏感可能讓你受苦，例如多愁善感、容易陷入負向思考的迴圈等。當你又因為高敏感而影響心情時，請你練習停止自責，不要因為心情不好而責備自己。

就讓情緒自然而然地流動，當你好好生氣、好好難過之後，你就會好多了。

如果你的孩子就是高敏兒，你可以怎麼幫助他？

其實，**你只需要接住他們的情緒**。

同理不等於認同。你可以不認同他們有各種奇怪的煩惱，但你可以試著同理他。

同理心有個簡單的公式：簡述語意＋情感反映。例如：「你今天沒考好，你好像有點沮喪。」「今天小明不理你，你好像有點擔心是不是你做錯了什麼……」

你不需要幫高敏感者解決煩惱，因為煩惱太多了，解決不完。

很多時候，他們只是需要有人好好聽他們訴說。你只需要接納他們的情緒：「我知道你現在很難過、我知道你現在很生氣、你想哭就哭一哭，沒關係。」這些話，可能就是很大的力量。

若你不想再聽到高敏兒的煩惱，可能代表你太累了，你需要先好好照顧自己，再來回應他們。

曾有高敏兒的家長崩潰地問我，要怎麼改變孩子的高敏感。

我是這樣回答他的：「你無法改變孩子的高敏感，因為高敏感讓人痛苦，但那也是孩子真實的煩惱啊。**我們能做的，不是改變，而是陪伴**，你只需要接住他們的情緒，隨著年紀增長，他將會越來越能和自己的高敏感相處。」

希望我們能接納孩子真實的自己，而非完美的自己。

如果你就是高敏感者，你能不能練習接納真實的自己，而非要做完美的自己呢？

請記得，高敏感可能讓你受苦，但高敏感也是你最珍貴的天賦。

註1：高敏感者不等於內向，也有外向的高敏感者。高敏感者不等於都有情緒困擾，只是因為高敏感者較容易受外在事物影響，而較容易有情緒困擾。

註2：《高敏感是種天賦——肯定自己的獨特，感受更多、想像更多、創造更多》，伊麗絲・桑德著，呂盈璇譯，三采出版。

壓力不是問題；你如何看待壓力，才是問題

你怎麼去解讀這個事件、你和環境是怎麼互動，決定了壓力的大小。

你覺得自己的壓力大嗎？和過去的生活相比，現在的物質環境富裕許多，但為什麼自殺率卻越來越高，是現代人的壓力不減反增嗎？

社會瀰漫著一股被淘汰的隱形焦慮

我認為，過去的生活環境單純、純樸，若好好念書、考公職，很可能就能擁有安穩

的工作。但現在是3C世代，面對瞬息萬變的資訊和社會變遷，我們面臨低薪、高房價、變動性大、隨時可能被淘汰的社會環境。當機會越多，挑戰也比以前更多。

隨著YouTube、IG、抖音、Podcast的興起，自媒體時代到來，人人都有機會在網路上發光發熱，但AI人工智慧的崛起，也讓各種行業隨時都有可能被取代。

當讀書不再能保障成功，社會上瀰漫著一股被淘汰的隱形焦慮。因此，我覺得「草莓族」這個名詞，對於年輕人來說並不公平。

我們也很難適切地評估壓力。當別人問你：「壓力大嗎？」很多人常聳聳肩，說：「我也不確定現在有沒有壓力，應該還好吧！」

一直到我們失眠、暴飲暴食、瘋狂購物、對他人破口大罵時，才赫然發現，自己好像壓力爆表了。

你的壓力悄悄上門了嗎？

面臨壓力，你可能會有以下的狀況。

1. 情緒：

- 易怒、沒耐性。
- 意志消沉、感到憂鬱。
- 疏離感：縱使身旁有很多朋友，卻仍然覺得孤單。
- 當外在的要求超出自己的能力範圍時，對自己失去信心，對生活產生失控感。
- 太多的要求加諸於己時，對於工作或周遭事物感到心力耗竭、缺乏熱情。

2. 心理：

- 太多事情縈繞心頭而無法專注。
- 對日常瑣事感到猶豫不決。
- 記憶力變差。
- 壓力會影響判斷力，導致容易做出錯誤決定。
- 對自己與周遭人事物常有負面思考。

3. 行為：

- 人際關係退縮或高衝突。
- 很難放鬆、坐立難安。

評估壓力的五個指標

另外，有五個簡單的指標，可以幫助你簡單評估自己的身心狀態：睡眠、飲食、憂鬱、焦慮、失功能。

睡眠和飲食，每個人的狀況不同。有些人是失眠，有些人睡得過多。有些人吃不下，有些人暴飲暴食。請注意，每個人的狀況可能都很不同，所以**要跟過去的自己相比，而不是和別人比**。

失功能指的是，壓力已經影響到你無法維持正常的生活功能，例如：沒有力氣下床、無力上學或上班、無法照顧孩子等。

若你發現自己符合上述的五個指標，請到精神科就醫，讓醫師評估及診斷是否需要服藥及接受心理諮商。

能吃、能睡是一個人在被強烈情緒包圍時最重要的一步，因為憂鬱、焦慮、失功能可能無法在短時間內恢復，但暫時性的服藥，能先讓自己好好吃點東西，以及好好睡一覺。

因為至少你要吃飽、睡好，才有力氣繼續面對生活中的每個挑戰。

「理想我」和「現實我」的差距

壓力是我們在具有威脅性的情境中，一時無法脫離困境或消除威脅，而產生被壓迫的感受。

壓力源可能來自**內在（個人心理認定）**，也可能來自**外在（真實存在）**。內在壓力是自己對自己的期待，例如：要變得更瘦、得到第一名、想獲得升遷等。外在壓力可能是各種我們遇到的人事物，例如：搬家、親人過世、遭遇職場霸凌等。

由於感受到自己的能力和外在環境要求之間產生不平衡，產生「理想我」和「現實我」的差距。簡單來說，就是「覺得自己不夠好、能力不足以應付壓力情境」，而引發個人生理或心理的緊張狀態。

適當的壓力可以提高警覺性，讓我們更謹慎行事、小心思考，發揮更理想的表現。但當我們面臨過度的壓力時，則會使我們感到沮喪及氣餒；若長期處在過大的壓力下，可能失去自我控制能力，最終影響身心健康。

壓力源大小的決定因素

其實，**壓力源是中立的**。壓力源並非是壓力產生的決定因素，而是**你怎麼看這個壓力，才是壓力源大小的決定因素**。

壓力就像一面凸透鏡，你可能會放大某些訊息。例如：分手時，A覺得離開這個人，反而能過得更好；但B覺得對方離開我，代表我是個糟糕的人。相較起來，B的壓力和情緒困擾可能比A大許多。就像有些人分手覺得沒什麼大不了；但也有人經歷分手後，好幾年都走不出來。

而你怎麼看分手這件事，與你過去的原生家庭和生命經驗有關，不會是憑空而來的。

如果你身在一個父母離異的家庭，從小渴望不曾擁有的父愛。那麼，當你遭遇男友劈腿，可能會勾起兒時不愉快的回憶，而有更強烈的被拋棄感。

從六個面向評估壓力

另外，我們可以從以下幾個面向來評估壓力。

1. 強度：

爸媽過世和遠親過世相比，爸媽過世對我們的衝擊比較大。

2. 嚴重度：

得了癌症和腸胃炎相比，癌症對我們來說嚴重許多。

3. 持續性：

長照的壓力和家人只是得了小感冒相比，長照的時間太長，壓力自然更大。

4. 可控制度：

長照的壓力和家人只是得了小感冒相比，若家人需要長照，我們無法控制病人的病情變化，或知道需要照顧多久，可能會有「生活失控了」的感覺。

5. 對個人意義：

把傘弄丟和把結婚戒指弄丟相比，結婚戒指對於你是有意義的。因此，把結婚戒指弄丟，很可能會讓你更難受。

6. 處理壓力的能力：

你有能力處理這個壓力嗎？如果明天的數學考試是你能勝任的，那麼，你可能壓力不會太大。如果你最弱的就是數學，你可能前一天就緊張到拉肚子了。

我印象很深刻的是，有一次，我到一所大學帶教授們折造型氣球，那是一個紓壓的工作坊。

有一位教授一開始就驚恐地縮在角落，連打氣都不敢。當有人氣球爆炸時，他更是嚇到跳起來。由此可見，壓力是主觀的，這位教授可能學術上很有能力，但對於折氣球卻毫無招架之力。

因此，我們怎麼去解讀這個事件、我們和環境是怎麼互動，決定了壓力的大小。這就是理查・拉薩魯斯（Richard Lazarus）提出的壓力交流理論，他認為「**你才是決定自己壓力的主角**」。

現在，我們來想一想關於自己的壓力：

1. **請你把現在所有的壓力都寫下來。**

____

______________________________。

2. **請你把無法控制的事情劃掉。**

你可能會發現，有一些帶給你壓力的事情，是你無法控制的。如果是無法控制的事情，那麼，擔心也沒有用。

3.想一想，你最怕的事情若真的發生了，會怎麼樣？

____。

4.一年以後，你會怎麼看這件事情。

____。

如果一年後的你，根本不會在意這件事情，就代表這是一件不值得你過度擔心的事情。

5.想一想，一年前，什麼事情讓你壓力很大？

____。

有時候，我們會不自覺地把害怕的事情過度放大，自己嚇自己，事情過後才發現根本沒有這麼可怕。

或許，一年前，你曾經擔心什麼事情，你現在都記不清楚了呢！

達賴喇嘛曾經這樣說：「能解決的事，不必去擔心；不能解決的事，擔心也沒用。」這真的是個很好的提醒。

當你面對壓力，是跟它拚了，還是先去打電動？適度的壓力是助力

我們常常以為，那些擺爛的孩子或大人沒有壓力，但其實，這可能就是慢性壓力。

當壓力來襲，我們常用以下這兩種方式因應：

1.問題焦點因應策略（problem focused-coping）：

簡單來說，就是試著解決問題，直接和壓力事件拚了。

例如，如果你覺得你考試的成績不理想，那麼，就訂定讀書計畫，找到考不好的原因，以及好好念書，直接對症下藥。

如果你覺得你的口才不好，你可以去上溝通技巧的課程、對著鏡子練習、請教口才

好的朋友。

2.情緒焦點因應策略（emotion focused-coping）：

當壓力山大或感到煩躁不安時，我們常常不是使用上述的「問題焦點因應策略」，因為，我們往往不想直接面對問題，而是選擇逃避、先讓心情好起來再說。例如大吃大喝、借酒澆愁、瘋狂購物、追劇、打電動、各種拖延、運動、找人訴說……

這些方法，是我們試著在照顧我們的心情、調解或抒發情緒，但可能無助於處理壓力事件。

你可以觀察，你最常使用什麼因應策略呢？你所使用的方法，對於降低壓力是否有用，還是反而讓你壓力更大呢？

你最常使用什麼方式面對壓力？

那麼，當壓力來襲，我們的心理是怎麼因應的呢？

1. 初級評估：

我們會先評估這件事是否和我有關。如果有關，是好事，還是壞事呢？這是非常主觀和自動化的反應，評估這件事對我是否會產生威脅。

2. 次級評估：

接著會評估自己有沒有能力應付。如果覺得自己有能力應付，那麼，壓力就會小一些；如果覺得自己無能為力，可能就會感到壓力山大。

接下來，我們便會採取以上的因應策略：問題焦點因應策略或情緒焦點因應策略，然後進行重新評估。

因此，**壓力有個簡單的公式：初級評估＋次級評估＋因應＝壓力大小**。

我們看看以下這個常見的例子。

- **壓力源**：明天要考段考。
- **初級評估**：明天要段考，我完蛋了！
- **次級評估**：平常根本就沒在念書，已經來不及了！

- **採取「情緒焦點因應策略」**：管他的，反正都來不及了，先把《進擊的巨人》追完再說！
- **重新評估**：落差更大，覺得自己完蛋了！
- **結果**：感到更緊張，覺得胃痛、頭痛。
- **新的壓力源**：身體不舒服。
- **評估**：這些狀況讓我更難念書。
- **因應**：關注自己身體的不舒服，無心念書。
- **結果**：失眠。

我們看看另一位同樣覺得段考就要完蛋的同學的例子。

- **壓力源**：明天要考段考。
- **初級評估**：明天要段考，我完蛋了！
- **次級評估**：平常根本就沒在念書，已經來不及了！
- **採取「問題焦點因應策略」**：只好趕快臨時抱佛腳，多少念一點。
- **重新評估**：雖然還是覺得沒用，但沒辦法，只能念多少，算多少了。
- **結果**：感覺安心一些。

從這兩個例子，我們可以看到，評估＋因應＝壓力。

壓力是個人和環境不斷地交互作用所產生。**當我們採取不同的評估和因應策略，那麼，壓力對每個人的影響，可能就有非常大的不同。**

急性壓力與慢性壓力不同

另外，壓力可分為急性壓力和慢性壓力。

急性壓力是我們面對挑戰性狀況時的反應，是一種短期壓力，這是日常生活中最常遇到的壓力類型。

例如你明天要談一個很難談，卻很重要的case，晚上你緊張地躺了很久才睡著，腦海中預想到各種最糟的狀況，早上起床還拉肚子。但當談完這個case，壓力就消失了，你的情緒和身體很快就恢復到正常狀態。

若我們無法適切地處理急性壓力，可能導致急性壓力慢性化，而變成慢性壓力。

與急性壓力相比，慢性壓力是一種永無止境的壓力，例如：令人疲倦不堪卻又無法離開的婚姻；工作上已有過勞的狀況，但為了餬口而不敢離開這份工作。壓力也可能源自童年創傷或你遇到的創傷經歷，例如：被家暴、被劈腿、被性侵、被霸凌……

慢性壓力是一種警訊。因為你曾經試著改變，但卻改變不了現況，於是，你不再嘗試改變，你開始慢慢地適應壓力。但這樣一來，你反而任由壓力磨掉你的生命力，讓你活得像行屍走肉、槁木死灰。

因此，慢性壓力可能助長慢性或急性的嚴重疾病，影響身心健康。

在學校，幾乎每一個班級都有放棄課業的孩子。他們的雙眼無神、上課趴睡、考卷都猜C，甚至還有孩子模擬考睡到口水沾溼了答案卡，導致無法讀卡，熱心又氣急敗壞的導師，只好再拿一張答案卡，請孩子重新畫卡，沒想到孩子還是一樣全部寫C，然後趴下去繼續睡。

那些酗酒、吸毒者，或許也都面臨無法解決的人生重大困境，而選擇麻痺自己。

我們常常以為，那些已經擺爛、放棄的孩子或大人根本沒有壓力，但其實，這可能就是慢性壓力，正一點一滴慢慢侵蝕我們的心靈。

在慢性壓力下，你還是有選擇權

如果你長期處在慢性壓力下，你可以找人聊聊、尋求心理諮商、閱讀心理健康的相關書籍。因為，縱使在無可奈何的環境之下，你還是有些微的自由和選擇權。

例如：在令人疲倦不堪卻又無法離開的婚姻中，或許可以尋求個別諮商或婚姻諮商，能讓你有機會宣洩情緒、提高自我覺察；另外，也能從了解自己的原生家庭、過去的經驗，以及和配偶的互動關係中，去發現可以從哪裡「微調」。

如果在工作上已有過勞的狀況，但為了餬口而不敢離開工作，那麼，你是否還能選擇其他薪水低一些，但不會過勞的工作呢？或是尋求社福機構的經濟協助？或是透過個別諮商，談一談你被卡住的點，或許也會有新的發現。

若壓力源自童年創傷或你遇到的創傷經歷，例如：被家暴、被劈腿、被性侵、被霸凌……這可能需要尋求個別諮商或身心科的協助。

壓力一定是不好的嗎？

可能很多人都有這樣的經驗，平常練習都會算，考數學時卻緊張到忘記怎麼寫；平常彈琴練習得有模有樣，一上台卻失常了，讓人扼腕不已。

究竟心理壓力如何影響我們的表現？

高中，我就讀雄中音樂班。每學期期末的術科考試，我很常出現這樣的感覺。明明努力練了很久，覺得自己彈得還不錯，但等待考試時卻緊張得手冒冷汗。看著同學談笑風生的樣子，更覺得自己很弱。

果不其然，一上台，第一個音就沒有處理好。我心裡一涼，曲子後面也就草草地結束了。

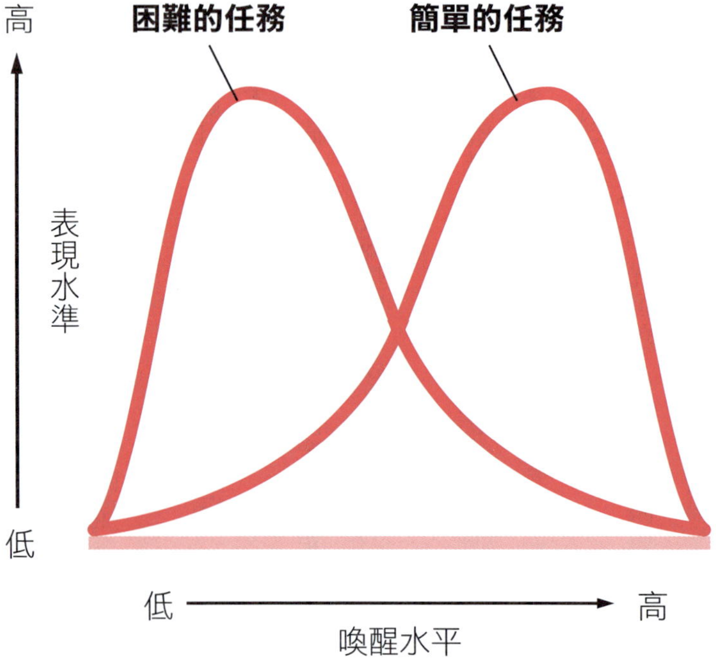

出考場之後，那個扼腕的感覺，讓人很想揍自己一拳。

當壓力來襲，腎上腺素大量分泌，可能激發我們的潛能，提升我們的工作效能、表現變好。

但根據研究發現，**工作壓力與工作表現的關係，並不是正相關的線性關係，而是呈現倒U形的曲線**。當壓力太小，可能使我們意興闌珊；當壓力超過一定限度，效能也會開始降低，讓我們面對比賽、考試時容易失常。因此，適度的壓力才能帶來最佳的工作表現。

葉杜二氏法則（Yerkes-Dodson law）指出，在面對複雜工作時，壓力越大，反而越容易失常；但倘若工作太簡單，則會降低成就感，甚至無心工作，例如學生如果沒有平時小考，可能就沒有念書的動力。

因此，在簡單、易做的工作情境下，較高的心理壓力將產生較佳的成績；在複雜、困難的工作環境下，較低的心理壓力將產生較好的成績（見二二四頁圖）。

在日常生活中，如何運用這個理論，照顧自己的身心狀態？

1. 在簡單、易做的工作情境下，較高的心理壓力將產生較佳的成績。

例如：抄寫資料、照稿念等不費大腦的工作，可能會讓你做得意興闌珊、提不起勁來。

因此，若事情太過簡單，或是你評估某件事情已經做到熟能生巧，可給予自己較高的心理壓力，像是要求自己抄寫得又快又工整、念得又快又好，以增進學習效果及效率。

這也很適合父母或教師運用在孩子身上，以提升學習動機。

2.若是在複雜、困難的工作環境下，較低的心理壓力將產生較好的成績。

例如困難的數學考試、學測、指考、參加各式比賽、完成一個困難的專案、談一個難談的生意等等，可能因為太強的動機（太想贏、太想成功）、太多的焦慮反而降低了工作的效率，干擾記憶和思考，而導致容易失常。

這時，我們應該努力降低心理壓力的干擾，例如給自己充分的時間練習和準備，幫助自己放鬆心情。

在現在的生活中，你的壓力是太大、太小，還是適中呢？希望我們能調整為適度的壓力，成為我們的助力！

輯四
如何與曾讓我們受傷的原生家庭相處、立下界線？

當你無法改變家人，你可以先改變自己

她對心理師說：「我覺得我這輩子，是為了心疼我媽來的……」

她二十三歲時，是我第一次見到她。

那時，她剛大學畢業，在工作半年後，因為工作不順，開始失眠，也吃不下飯，於是去看精神科。醫師診斷她是憂鬱症，也建議她尋求心理諮商。

她跟我說：「我覺得我這輩子，是為了心疼我媽來的……」

剛開始，我不懂這句話。

後來，我懂了。

心疼媽媽，瞧不起爸爸

她的媽媽是傳統婦女，強勢、能幹、刻苦耐勞且任勞任怨，家中所有的家事，例如煮三餐、掃地拖地、洗衣曬衣，媽媽除了全都一手包辦外，還照顧生病臥床的公公十年，甚至在她的外公、外婆過世後，媽媽還把智能不足的舅舅接回家裡照顧。

媽媽心裡的苦，總是往她身上傾倒，例如婆媳衝突、家中經濟壓力……因為知道媽媽很辛苦，所以她從小就是個乖巧、不用人操心的好孩子。

她心疼媽媽的辛苦，卻又無法說出口，因為媽媽總是說：「不用你擔心，我自己來就好，你去忙你的。」她想要幫忙分擔家事，媽媽卻嫌她礙手礙腳，自己做還比較快。

「爸爸呢？」

她苦笑著說：「爸爸和媽媽應該是兩個極端的互補。」

爸爸很古意、憨厚老實，但也因此總是被人欺負，例如工作上被同事推工作、搶功勞、被主管責備、被詐騙集團騙了二十萬，還有朋友借錢不還……

媽媽也時常向她抱怨爸爸動作慢、笨手笨腳，不但幫不了家裡什麼忙，還惹了一堆麻煩回來，於是，爸爸常常說：「對不起，都是我的錯。」媽媽卻回應：「你只會說對不起，還會做什麼。」

她心疼爸爸被欺負，但卻也打從心底瞧不起爸爸。

被寵壞的哥哥

不過，她的哥哥和她完全不同，彷彿活在另一個世界。

媽媽幫哥哥把能做的事情都「款便便」，哥哥下班後吃飽飯就看電視、打電動到半夜，不用分擔任何家務。她覺得媽媽根本就把哥哥給寵壞了。

有一次，她看不下去，忍不住對媽媽說：「你也讓哥哥做點家事吧！你那麼辛苦，他每天回到家就是躺在沙發上看電視。」

媽媽卻勃然大怒：「你哥上班回家很累，就讓他多休息。你幹麼老是針對你哥哥！」

她氣媽媽為什麼讓自己這麼辛苦；她心疼爸爸被欺負，但又氣爸爸怎麼這麼笨，她自責自己怎麼可以瞧不起爸爸；她氣哥哥很自私、不會幫忙；再加上剛開始工作的不順，導致憂鬱症發作。

小時候的她，好想要趕快長大，她想要多幫忙分擔一點媽媽的辛勞；但她長大後才發現，她沒有辦法改變她的家庭……

四種方式，療癒原生家庭帶給你的傷

當你討厭回家，過年過節一想到要回家就壓力大，一回家就心情不好，你可以如何療癒原生家庭帶給你的傷？

1. 接納自己所有的情緒

她有好多好多複雜的情緒悶在心裡。她氣家中所有人，那個生氣的背後是心疼，卻又無法說出口。

她說，她看爸爸笨手笨腳的樣子，忍不住在心裡翻白眼，對爸爸態度冷淡。但她又會氣自己怎麼可以這樣，畢竟他是辛苦養大自己的爸爸啊！這兩種情緒多麼矛盾，她常常糾結在其中……

我告訴她，想翻白眼就翻白眼吧！想生氣就生氣，想自責就自責吧！

當你好好地接納所有的情緒，才不會繼續糾結，才能真正鬆一口氣；唯有好好宣洩情緒，好好地翻白眼、好好地生氣、好好地自責之後，情緒才能真正的過去。**唯有情緒過去了，理性才能長出來。**

當然，宣洩情緒不代表你要表現出來。你可以在心裡接納自己的所有情緒，用各種方式幫助自己宣洩情緒。

2. 練習「放過自己」

她因為憂鬱症請假在家休養，結果她卻發現自己待在家反而更痛苦。因為她好希望媽媽可以多休息，但媽媽卻停不下來，堅持什麼事情都要親力親為。她希望哥哥可以多幫忙分擔，但哥哥卻一副不想幫忙的樣子，而且只要哥哥一動，媽媽就會說：「你上班累，我來就好，去休息吧！」

有一次，她跟我說：「好像大家都不認為家裡要有什麼改變，只有我在那裡糾結……」

是啊，這個家已經這樣運作了二十三年，沒有那麼輕易能被改變。

那麼，我們是不是能先尊重家庭已經運作多年的互動模式，也先放過自己呢？

3. 我們沒有辦法改變他人，唯一能改變的只有自己

前幾年，我開始學習家族治療，我很喜歡家族治療提到的「系統中只要一個人動，系統就會改變了！」就像俗話說的「牽一髮而動全身」，系統中有一個人動了，就會牽動另一個人。

當她能心情好一些，給爸爸多一個笑臉或是給爸爸一點肯定，讓爸爸看見自己不是做任何事情都笨手笨腳，也有能幫上家裡的地方，或許就能緩解一下爸媽之間緊繃的氣氛，爸媽關係可能變得好一些。

當她不會看哥哥那麼不順眼，或許就能比較好聲好氣地和哥哥說話，哥哥也能更聽進去一些，就能主動幫家裡一些。

當她有了一點點的改變，這個互動系統自然就改變了！而且，就像連鎖效應般，一個小改變會帶來另一個小改變。

4.看見「個人行為背後的脈絡」

人不是無緣無故變成今天這個樣子。會長成這個樣子，是「先天氣質」和「後天環境」交互作用形成的。

她的媽媽是長女，外婆常常叫媽媽做東做西，還要照顧智能不足的舅舅。於是媽媽小時候就要承擔家中很多事情，做事效率被訓練得非常強大。

媽媽曾對她說，她很討厭外婆叫自己跑東跑西、收拾一堆爛攤子。於是，她暗自決定絕對不要當一個麻煩孩子的媽媽，因此，她才會變成今天這麼能幹、凡事親力親為的媽媽。

而爸爸是老么，小時候阿公外遇，阿公阿嬤離婚，阿嬤常常和爸爸訴說自己的不甘心和憤恨，爸爸變成了阿嬤需要的聽話的乖兒子。

阿嬤的個性強勢且能幹，爸爸娶的太太也是能幹而強勢，所以他不需要很會做事，但卻是個很隨和、願意配合他人的人。爸爸在工作上和家庭中做事不夠俐落、能幹，但卻是個很好的配合者、按部就班的乖乖牌。

因此，我們可以看到，每個人會長成今天這個樣子，背後都是有原因的。

原生家庭影響我們好大，如果我們能看見這個脈絡，是不是就能對他人的行為有多一份理解呢？

當我們能多一份理解，就能有多一份包容。也因為看懂了，心結能鬆開一些。

最後一次晤談，是媽媽和她一起來的。

我對媽媽說：「媽媽你只要把自己照顧好，你的女兒自然會好起來的。你有個貼心的女兒，你女兒是為你而活的！如果你沒有好好休息，一直都那麼辛苦，她會因為擔心你的身體而睡不好……」

那一刻，我看見媽媽眼眶泛紅。

我相信幾乎所有家庭給孩子的愛都遠遠大於傷，願愛能將傷痕緊緊包圍。

生氣時，你不需要幫對方找藉口；好好生氣後，你才會好起來

當你告訴自己不可以生氣，就是任由對方繼續用你不喜歡的方式對你。

「心理師，我最近去上了一些身心靈的課程，我覺得對我幫助很大，讓我看得更清楚，家裡到底發生什麼事、原生家庭如何影響我變成今天的樣子。

「但是，我卻覺得更痛苦了！因為我回家看到家人，就覺得我們家的溝通方式很有問題，我很想改變他們，但又改變不了……」

之寧接著說：「我昨天做錯一件小事，我媽就對我說：『你很沒用，這麼簡單的小事。也會搞砸！』我好生氣。我知道其實她不是真的要罵我，她就是習慣用這種方式講話、嗆別人，搞得大家都不舒服。

「只要她心情不好，就會對人亂發脾氣。但是我又想到，我媽每天煮三餐給我們吃，幾乎一人包辦所有的家事。外婆以前對她也不好，常常批評她。她其實也過得很辛苦……」

當你生氣時，就好好地生氣

這是之寧的第三次晤談。

她每次只要談到媽媽，就會忍不住大哭。而且，就算她抱怨媽媽，也總是忍不住幫媽媽找行為的各種原因，還不斷提及媽媽的付出。

我發現之寧被媽媽卡住，也被自己卡住了。

我打斷之寧的話，告訴她：「之寧，當你生氣時，就好好地生氣。你媽媽之前可能也曾受傷，也很辛苦，為你們付出很多，但她也不應該對你說這些傷害你的話。所以，你可以生氣就好，不需要幫她說話。」

之寧抬起頭來，睜大眼睛看著我。

「對耶，我朋友之前也說我是個很神奇的人。當我說別人不好的時候，也要說別人好的地方。這樣，好像有點累……我的腦袋就是這樣。總是很糾結，一下子想我媽對我不好，一下子又覺得她為我們付出很多，一下子又很氣她，一下子又覺得我外婆也對她不好……每次想到最後，都覺得好混亂，不知道哪個想法才是對的。

「但現在想想，還是覺得有很多事情都讓人很生氣。反正當她心情不好，就嫌東嫌西，很容易掃到她的颱風尾。她想幫我買衣服，我很委婉地說：『這件我沒有那麼喜歡。』她就說我眼光差。

「有一次，我鼓起勇氣跟她說：『你說的某些話，我會有點受傷。』她居然說我太脆弱、想太多。我聽了，真的很傻眼耶。

「看她忙進忙出很辛苦，我去廚房幫她，她又嫌我笨手笨腳。每次她說這些，我都覺得很生氣……但想到她為我們付出的一切，又覺得自己幹麼要把她的話放在心上，就不要理她好了，我是不是自己也太脆弱？」

「沒錯，她不應該這樣對你。不管怎麼樣，她都不可以這樣對你。」我強調，試著幫之寧找回她原本的生氣。

當你無法好好地生氣，生氣就無法過去

你也會這樣嗎？當你生氣時，還在幫對方想為什麼他會這樣做、想著他對你的好。

當你這樣想，你的腦袋就會開始打結，像毛線球那樣。

因為你還在生氣，另一個你，卻又告訴自己：「他平常也對你很好，他不是故意的……」

當你生氣時，就好好地生氣吧！

如果你一邊生氣，還要一邊想著對方對你的好，如果你總是習慣把所有事情攪在一起；這樣一來，你就會覺得自己不應該生對方的氣，而且，**還會多了自責與內疚**。

當你無法好好地生氣、「單純」地生氣，生氣就無法真的過去。

因為你的生氣就沒有辦法好好出來。你會一邊生氣，一邊糾結，自己就被卡住了。

就像之寧那樣，又心疼媽媽、又氣媽媽、又罵自己太脆弱。

我告訴之寧：「**當你生氣時，你就好好地生氣；心疼媽媽時，就好好地心疼**。這兩個不需要攪在一起。」

情緒並沒有對錯，甚至是你的指南針

我們知道，對方因為原生家庭或過去的生命經驗，讓他長成今天的樣子。這的確不是他的錯，他很可能也不是故意要傷害你的。

但他「的確」冒犯了你，讓你受了傷，**你「可以」為自己生氣**。

有些人會說：「我媽常常批評我、羞辱我，但生氣有什麼用？」生氣的確不會讓事情變得更好，但情緒並沒有對錯，甚至是你的指南針。例如：**憤怒是在告訴你：「你的權益被侵犯了！」**

當你告訴自己不可以生氣，就是任由對方繼續用你不喜歡的方式對你；當你不斷忽視自己內在的聲音，有一天可能變成憎恨，而長期忍氣吞聲，甚至可能導致身心疾病。

當然，這個生氣並不是在說你需要把情緒表達出來（像是指責對方），而是你的心裡可以承認自己生氣、看見自己的生氣，給自己的生氣好好秀秀；在房間或空曠的地方大吼、好好地和他人抱怨對方、狠狠地打拳擊沙包。

同時，你不需要為他人找任何藉口。

你只要能好好地生完氣，你就會好了

「我擔心我以後會變成我媽那樣的人，就是很容易看別人不順眼，像現在我就覺得我很容易對小孩生氣。

「有時候，假日我們會帶小朋友出去玩，大家都很開心，但回來弄他們兩個洗澡，他們常常會吵架、拖拖拉拉不肯洗。有時候，我會忍不住暴怒。然後就會很氣自己，他們還小，也不是故意的，小孩本來就會鬧脾氣。我幹麼要對他們那麼凶！」

我說：「因為你累了啊。累了，本來就比較容易會生氣。他們的確還小，也不是故意的。但你生氣的時候就好好地生氣，不要去想他們還小，因為這樣又會讓你很糾結、自責自己不應該生氣……」

「對耶，我剛剛講完也有發現。我的情緒常常這樣繞啊繞，找不到出口。因為我每次都會想東想西，想到最後就覺得腦袋好亂，也好自責，不知道到底該怎麼想才對……」

「下次當你又開始繞來繞去時，可以**練習為自己喊停。你當下的情緒是什麼，就是什麼，不需要為其他人找理由**。你只要能好好地生完氣，你就會好了。」我告訴之寧。

生氣時，如何好好表達、調適自己的情緒？

當然，這並不代表之寧對孩子暴怒就是對的，但她可以練習正視自己的生氣、允許自己生氣，而且，不需要感到內疚或自責。因為，孩子鬧脾氣不是故意的，之寧的生氣也是真實的情緒啊。

之寧可以改變的是，生氣時，如何好好表達或調適自己的情緒，避免傷害到孩子。例如**在快要暴怒前離開現場、適時請先生接手幫忙、深呼吸十秒後再說話、不要玩得太累，早點回家**，或許就有多一點的力氣，照顧孩子洗澡、睡覺。

當你開始感到自責與內疚，會讓你覺得自己「不應該」生氣。你的生氣縮了進去，找不到出口。

現在，你可以練習安頓你的生氣，就讓它如實的存在，且接納它的存在。

練習善待自己

很多時候，那個「不夠好、應該／不應該」正是不小心從家庭、從成長過程中悄悄萌芽，然後在生活中的各種時刻冒出來，猝不及防地咬你一口。

被爸媽責備（不夠認真、不夠聰明、做事不夠仔細）、和兄弟姊妹間的比較（成績、長相、身材、受人喜愛）都可能讓你備受委屈。但現在，你已經長大了，**你不會永遠都被框架在家人認為的那個你；你可以重新定義自己**。你是誰，你說了算。

有時候，我們對家人的情感就是這麼地愛恨糾結，有如此複雜的牽絆和感情。你可以向他們抗議，但這並不保證他們需要改變或願意改變，或是你就能得到你想要的愛或道歉。

但你可以練習善待自己，在你回家時，找到你覺得與他們相處時最舒服的方式，或減少回家的次數和時間。

你只需要允許你的每個情緒存在，然後一步一步把自己愛回來。

課題分離：當你沒照父母的期待走，你不需要承擔父母的失望

覺得自己不夠好，可能是從原生家庭潛移默化學到的。

我會問那些覺得自己「不夠好」的個案：「你覺得自己不夠好，是從哪裡來的呢？」

這個問題對好多人來說，很困難。

但從我的經驗來看，很多時候，就是從原生家庭中潛移默化學到的。

要聽從父母的話，還是自己的心？

溫恆大學畢業後，聽從父母的安排，考了公職。考了兩年後，他順利地考上了。但開始工作之後，溫恆發現自己一點也不喜歡公務員每天一成不變的生活；另一方面，溫恆很有美術天分。閒暇之餘，他會接一些插畫、設計的工作，還開始錄製Podcast節目。

溫恆不禁想：或許畫畫真的能當飯吃。這其實一直是溫恆的夢想，但在爸媽的反對下，念設計系的他，照著父母的建議，考上了公務員。

工作幾年後，溫恆試著跟爸媽提要離職，但，都是教師退休的爸媽完全無法接受。他們覺得溫恆現在工作得好好的，興趣就當副業，有兩份薪水、兩全其美，為什麼要辭職？

他們責備溫恆：「我們辛辛苦苦把你養這麼大，但現在你卻只做你想做的，很自私。」「有一個安穩的工作，不好嗎？如果發生什麼事，至少不用擔心丟了飯碗！」「我跟你媽是為你好，不要以為我們吃飽太閒，要管你！」

溫恆不想讓父母擔心，但也很不想要朝九晚五地做那些例行公事。

溫恆想聽從自己的心……

如果界線不清，父母和孩子都會感到痛苦

有些父母會把子女當成自己人生的一部分，想幫子女做最好的決定，甚至試圖控制孩子往他們期待的方向走。

如果子女沒有聽從父母的話，父母會感到心寒，甚至表達憤怒，例如：「我是為了你好，你為什麼不聽我的？難道我會害你嗎？」

對孩子而言，做決定時，他們會顧慮父母的感受，怕傷了父母的心。如果不聽從父母的建議，子女可能感到內疚；但聽從父母的建議，卻沒辦法遵從自己的心，而感到萬分痛苦。

心理學提出「**課題分離**」這個重要的概念：**這件事情的後果，最後應該由誰來承擔，那就是誰的課題**。而這個課題小至決定買什麼東西、吃飯；大至選系選組、工作、交往、結婚……都是課題。

在原生家庭中，因為親子關係太過緊密，許多父母和子女糾結不清，失去了應有的界線。

很多父母過度地干涉孩子，其實就是把孩子的課題當作是自己的課題：例如小時候幫孩子安排過多的補習、期待孩子未來做某些工作、長大後幫孩子找門當戶對的另一

半……一旦界線不清，父母和孩子雙方可能都會感到痛苦。

我們可以練習用溫和、堅定的態度，回應父母的期待，而自己要能為自己的決定負責。

從課題分離的概念來看，溫恆選擇什麼工作，最後的結果也是溫恆自己承擔，父母無法幫溫恆承擔任何事情。因此，溫恆應該為自己做出決定。

因為，父母沒辦法為孩子承擔任何責任。如果孩子婚姻失和或工作不順，要面對的人是孩子，不是父母。父母的過度干涉，若講直接一點，就是「出一張嘴」。

父母可能會對孩子不聽自己的話，而感到失望，但失望是父母需要面對的課題，不是孩子的責任啊！

把失望還給爸媽；你不需要為爸媽的失望負責

很多時候，我們也常常被情緒勒索。心理學家蘇珊・佛沃（Susan Forward）認為情緒勒索（emotional blackmail）是指在人際互動中，我們藉由引發他人的負面情緒，如恐懼、內疚，或把責任歸咎於自己，使對方做出我們期待的行為。

情緒勒索非常常見，例如，老闆說：「這個學習的機會，只有你有，你好好做！」「景氣差，公司不得不減薪，大家共體時艱！」

當孩子沒有照父母的話做，父母可能這樣說：「我是為了你好！」「我做牛做馬都是為了你。你還不懂得珍惜，我真是白養你了！」

情人口裡的「我為你付出了多少，你怎麼可以離開我！」「我就是個沒用的人，你不愛我，是應該的！」

還有華人文化中的「以退為進」，就是很典型的「情緒勒索」，例如，父母說：「反正我老了、不中用了，你們翅膀硬了，就不理我了！」

若父母時常對孩子情緒勒索，就是把課題丟給孩子，引發孩子的恐懼與內疚，或將責任歸咎於自己，試圖讓孩子照著自己的期待走。

因此，孩子可能活得戒慎恐懼，害怕自己做錯事、說錯話；長久下來，孩子在人際關係中可能很沒有安全感。因為溝通時，不能只聽表面訊息，還要去猜父母到底真正想要講的是什麼。

因此，如果你發現自己常常感到被情緒勒索，你可以練習把課題還給對方，像是把失望還給爸媽，你不需要為爸媽的失望負責。

當然，**父母可以感到失望，但那是他們的課題，父母需要自己面對**。

面對父母的干預，我們是否順水推舟地接受？

但，其實某些時候，當父母把我們的課題搶過去當作自己的課題時，我們也常樂見其成。

婷翊生了孩子後，由於先生剛好要到國外出差，媽媽表示很樂意幫忙，因此婷翊搬回娘家居住。

由於是家中的第一個寶寶，婷翊和媽媽都手忙腳亂。而且，婷翊高中就到外縣市念書了，已經很久沒在家裡長住。久久沒回家長住的婷翊一回家，就要和媽媽共同照顧新生兒。

媽媽一直都非常能幹，什麼事情都搶著幫忙。婷翊才餵奶沒幾天，就得了乳腺炎，痛不欲生。

媽媽見狀，告訴婷翊：「你什麼事都不要操心，只要擠奶、餵奶就好了。其他的事情，我來做！」

但媽媽的教養方式，讓婷翊非常不滿，卻又不敢說出口。

媽媽怕孩子冷，在大熱天，卻給孩子穿好幾件衣服。婷翊趁媽媽不在時，把孩子的衣服脫掉，但媽媽又會再幫孩子把衣服穿上。結果，孩子才三個月大就感冒了。看著孩子半夜鼻塞睡不著、不停哭鬧，婷翊非常心疼。餵藥又是另一個浩大的工程，但婷翊縱使不滿，也不敢抱怨。

其實，面對父母的干預，我們常常順水推舟地接受。就像婷翊回家住，也是想要好好照顧孩子，自己又不會太辛苦。

因此，**當婷翊選擇回家和媽媽同住，婷翊就需要為這個決定負責**。因為，主要照顧者應該是婷翊，是婷翊選擇將主導權給了媽媽。她選擇把這個「課題」交給了媽媽，那麼，她就需要尊重媽媽的教養方式。

婷翊需要先思考，與媽媽的教養方式差異到怎樣的程度，是自己可以接受的。

我們是否拿父母當擋箭牌？

另一個常見的狀況是：我們以為是父母試圖掌控、干預我們，但其實我們只是用父母當擋箭牌，作為我們不用改變的藉口和理由。因為我們只需要說：「我媽不希望我換工作！」「我媽說我們還太年輕，等之後工作穩定一點，再結婚。」

其實，會不會其實你也不想換工作？你其實也沒有那麼想和現在的對象結婚？

當你把課題丟給父母，你就不需要承認自己不敢換工作，或其實自己沒有這麼喜歡對方。

「我不能……因為我爸媽……」當我們把責任推給父母，我們就不需要改變了。

也可能是父母從小到大的耳提面命和叮嚀，讓我們害怕改變。

一位想離職的朋友告訴我，他只要一想到媽媽知道他離職後，可能會歇斯底里地說：「你有沒有想過你還有房貸，還有兩個孩子要養！」就覺得頭皮發麻，渾身不對勁。

因此，**要先面對的是，你內在的害怕和恐懼是什麼**。

是不是你也不想改變、害怕改變？當你想清楚，才能真正為自己的選擇負起責任，為自己的課題負責，而不是總拿「父母會反對」當擋箭牌來保護自己。

如何做到課題分離？

沒有人可以為你的人生負責，因此，我們要能為自己的決定負責，而不是責怪父母：「都是你害的！」

當父母對我們感到失望時，我們很容易感到心虛，例如溫恆試圖為自己辯解：「沒有啊，我都有聽你的。上次你說要我去相親，我也有去啊！」

若父母因此對我們失望，我們可以用溫和、堅定的態度回應父母的期待：「媽媽，對不起，讓你失望了！」「你不支持我的決定，我覺得很遺憾。」

我們無法讓所有的事情都得到父母的認同。**父母對我們的失望，是父母的課題**。

當我們允許父母對我們失望，把課題還給父母，我們就能開始感到些許自由。

與其責怪父母的安排，不如把「選擇」的責任還給自己

我們不能總是把決定權交給父母，卻又抱怨父母的決定是錯的。

子凡今年三十五歲，他因為長期失眠而尋求心理諮商。

子凡是年收入超過百萬的科技新貴，有一個看似幸福、美滿的家庭。他和太太曉晴、一子一女同住，也在台北市郊區買了房子和車子，大家都說是五子登科。

但子凡其實有個很大的困擾，就是他一點也不想上班。

工作不是做不來，但總覺得做得很勉強、沒興趣，尤其當公司要他交一些無意義的報告、報表時，那種浪費生命的感覺，總讓子凡感到很痛苦。

子凡最喜歡的事情是做甜點。他常常在家裡做不同口味的蛋糕，分送給家人、朋友，大家都讚不絕口。

看見大家的笑臉，子凡打從心底感到開心。但有房貸及兩個孩子要養，如果真的要辭職，從零開始學做甜點，他實在沒有勇氣嘗試。

子凡總是看著薪水在過日子，在剛領到薪水或獎金的那幾天，他工作起來才會充滿動力。

當子凡和家人提到工作不順、想換工作，媽媽的話，總是重擊他的心：「男生應該要照顧好家庭，興趣不一定能當飯吃。你做甜點，真的能養家嗎？你不能讓曉晴太累。」

科系是爸媽幫我決定的

我問子凡：「既然沒興趣，為什麼會念電機？」

他苦笑地說：「是爸媽幫我決定的！國中畢業的時候，我的成績很普通，不想讀一般高中，剛好分數可以填電機，爸媽也說念電機好找工作。我念著念著，沒有特別喜歡，但也不討厭，而且也念得還不錯，就一路從高職讀到了研究所。」

但子凡的抗拒其實早有徵兆。

大學畢業前兩個月，他對於將要開始求職感到非常恐慌，最後，他選擇先念研究所。一方面，研究所的學歷對於求職的確有幫助；二來，他可以晚一點再開始找工作。

兩年後，在研究所畢業前，子凡一樣非常焦慮。剛好朋友任職的公司缺人，他去應徵，也很順利應徵上了。開始上班之後，卻再次印證這真的不是子凡想要的，他每天都好掙扎。

之後，因為公司的人事異動，子凡遇到了一個很難相處、愛挑毛病的主管，他待得更痛苦了。後來，他辭職，找了新工作，新公司給他更高的薪水，但仍然是一樣的狀況——他知道自己對這份工作沒有興趣，但為了養家，他還是繼續工作。

太太曉晴支持子凡，鼓勵他去追求夢想，但母親苦口婆心地叮嚀、怕家裡有經濟負擔，卻又讓他卻步了。

子凡也很自責。如果可以重來，他想早點試試看自己的夢想；而不是像現在，三十五歲從零開始做甜點，是不是已經太晚了？

子凡的人生好像在此刻開始停滯不前，他不知道下一步該往哪裡走。子凡早就意識到這個問題，只是一直沒有鼓起勇氣面對，又不甘於失去工程師這麼高的薪水。

時間一晃，就來到三十五歲了……子凡開始有失眠的狀況，每天工作都覺得好累，卻又睡不著。

子凡在太太的鼓勵之下，開始尋求心理諮商。

社會主流的成功，是你想要的嗎？

子凡是所謂的科技新貴，薪水優渥、擁有高社經地位、有車有房、結婚生子。這一切，就像在 To-Do List 上一一打勾，實現人們眼中的完美職涯。

在大學畢業和研究所畢業前，子凡對這條「理所當然」的康莊大道，卻開始感到懷疑與焦慮，但又不知道自己真正想要的是什麼。

這是「社會主流的成功」，是一條社會主流期待的「對」的路。但是，這好像不是子凡想要的。

當子凡面露猶豫，總有人問他：「你有了這些，還不夠好嗎？」

華人文化對男性的期待與桎梏

在華人文化中，從前是「男主外，女主內」的農業社會，期待男性有養家的責任，要能負擔起家庭的經濟重擔，也賦予男性「保護者」的角色；而女性，則被期待要照顧好家庭、處理家務、料理三餐，做先生及家庭的後盾及支持者。

雖然現在是男女平等的社會，也有許多雙薪家庭，或是女性有高成就、高收入。但很多時候，我們仍可以隱約感受到長輩或傳統文化對不同性別的期待及束縛，而感到難以呼吸。

從小，在父母的細心教養及耳提面命之下，子凡就是個貼心、負責的男孩。在這個看似幸福的家庭中，當他想要轉換一個不確定性高的工作時，他承受了極大的壓力。這些壓力是來自文化、父母，還有他自己內在的聲音。

從他二十二歲大學畢業前，這個聲音就已經出現了，但拖到了三十五歲，子凡仍然裹足不前。

每次當子凡下定決心，想要試試看時，他就會想到父母無法支持他的決定，也擔心自己的薪水比太太低，好像很沒面子，以及擔心拖累家中的經濟。

雖然太太鼓勵他試試看，如果真的不行，再回到工程師的工作也可以，但他始終無法離開這個大家認為「對」的職涯。

子凡背負著男性要養家的角色包袱，遲遲未曾跨出那一步。

生涯發展的難題與困境

從生涯發展的角度來看，學者詹姆斯・瑪西亞（James Marcia）於一九九一年以艾瑞克森（Erikson）的心理社會發展論（註1）為基礎，透過與美國大學生的訪談與分析，提出四種「自我認同狀態」。

在學校輔導工作中，我們也會用這個理論來評估青少年的生涯發展。

四種認同狀態分別為（見二五八頁圖）：

1. 定向型認同（identity achievement）：

了解自身所處的現實環境，已經歷過認同危機且有一番掙扎，對未來已下決定，並對該決定有強烈的承諾。

2. 未定型認同（moratorium）：

尚未確定未來方向，正處於危機尚未達成認同者。了解自身所處的現實環境，但不

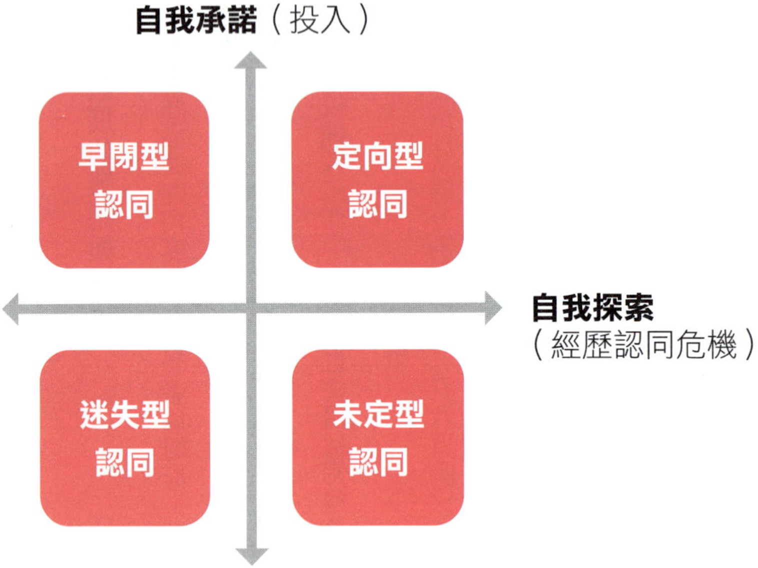

覺滿意；有心想要改變，但尚未確定方向。

3. 迷失型認同（identity diffusion）：

沒有認真思考過未來，不清楚自身所處的現實環境，也沒想過滿不滿意，逃避對未來的承諾，隨波逐流，過一天算一天。

4. 早閉型認同（foreclosure）：

一切交由父母或長輩決定，沒有經歷認同危機者。不清楚自身所處的現實環境，也沒想過喜不喜歡，未來方向依照家裡安排。

你覺得自己是屬於哪一型呢？其中，只有「定向型」為成功達成自我認同，其餘「未定型」、「迷失型」、「早閉型」的自我認同皆未成功。

文中的子凡屬於「早閉型認同」。沒有仔細思考過未來，一切都照父母的安排而決定。

子凡在高中、大學為「早閉型認同」，當他大學畢業開始發現他其實對電機沒有太大興趣，想要轉換跑道時，則發展成「未定型認同」。

但他從二十二歲開始猶豫到三十五歲，因為種種因素感到掙扎，卻始終未做出新的嘗試，錯過了求學及求職的黃金時期，至今產生更嚴重的心理困擾及睡眠障礙。

當你面對職涯的卡關，可以怎麼做？

1. 從華人文化的觀點來談：

如果你是男性，一直背著「保護者」這個包袱，是否讓你覺得好累，覺得喘不過氣來？但卻仍然覺得養家、照顧妻小父母，本來就是你的責任。

抑或你認為自己必須照顧家庭，若薪水不夠高或比太太低，你就不夠有男子氣概、你就不是個好先生、好兒子嗎？

但其實是否要放下這個包袱，是你的選擇。傳統文化或父母的期待，你可以選擇全然承受，或是暫放一旁。

當你去嘗試新的工作，你仍然在盡自己最大的努力照顧家人，不是嗎？或許薪水沒有那麼高，但你可以過得更踏實、更靠近自己、更快樂呢！

是不是可以更勇敢一些，為自己而活？同時也看到自己仍然盡力成為家庭的避風港。

如果你是女性，你可能被期待應該要做好家事、料理三餐、照顧孩子，但其實你也好想做自己想做的工作。

請記得，照顧家庭不是只有你的責任，這個家庭的所有家務，是你和先生兩人共同負責的。**沒有誰應該要完成所有家事**。

也有些人，壓力不是來自他人的期待，而是自己。當你選擇了自己熱愛的工作，卻感到自責，覺得自己沒有把家庭照顧好。

請你看到自己努力在兩者之中取得平衡，努力做自己喜愛的工作，也願意為家庭多付出一些。當你覺得忙不過來，可否和先生一起討論如何分工呢？或許先生也不希望你過得這麼辛苦，在家務上，他也很願意多付出一些。

親愛的你／妳，唯一能束縛你的人，就只有自己，我們一起練習放過自己。**擇己所愛的同時，也看見自己的努力**。

2. 從生涯發展的角度來看：

若你屬於「未定型」，可以從更多方面來蒐集資料、參與職涯探索活動、尋求生涯諮商、詢問親友長輩，以確定未來生涯的方向。

若你屬於「早閉型」，可以有更多的自我探索，例如：參加職涯探索等活動、尋求生涯諮商等等，協助自己更深入地思考及自我覺察。

因為，當我們把決定權交給父母，但生活是自己要過，不管好壞，都只能自己承擔。父母沒有辦法為我們承擔任何事情。

當你更了解自己，才有可能做出最適合自己的決定；而**不是總是把決定權交給父母，卻又抱怨父母的決定是錯的**。

若你屬於「迷失型」，可能某天開始，得過且過的生活開始讓你感到難受，你可以參考「未定型」及「早閉型」的做法。

透過多方面蒐集資料、參與職涯探索活動、尋求生涯諮商進行自我探索，找到自己卡住的點，有更多的自我覺察，提升對於改變現況、探索未來生涯發展的動機。

你的人生，終究得由自己負責

從小到大，我們學到了怎樣的生涯是完美的、是被期待的，例如：當醫師、律師、工程師等高薪、高社會地位的職業，還有結婚生子、買車買房。但，這真的是你想要的嗎？

你也許能為了「對」的職涯忍耐幾年，但可能無法壓抑「內在的渴望」一輩子。

當我們不由自主思考什麼是「對」的，請提醒自己，好好傾聽你內在的聲音，你真正「想要」的是什麼。

你的人生，終究得由自己負責，父母無法幫你過你的人生。

若你感到後悔，與其責怪父母的安排，不如把「選擇」的責任還給自己。

從現在開始，好好探索自己內在的渴望，勇敢踏出改變的第一步。

我相信，沒有任何時刻嫌晚。

註1：艾瑞克森（Erikson）提出心理社會發展論。將人的一生分為八個階段，每個階段都有不同的「發展任務」（developmental task）。若無法順利達成，則會產生心理社會危機（psychosocial crisis），影響下一階段任務的發展。其中，青少年階段的發展任務為「自我認同」（self-identity）。

你可以選擇當「有意識」的父母；你就是你孩子的原生家庭

你的父母怎麼對待你，你就會怎麼對待孩子。

心慈的爸爸很大男人主義。下班後，就坐在沙發上看電視，等待晚餐。如果六點菜還沒有上桌，爸爸就有可能對媽媽咆哮。

心慈從國中開始，就要幫媽媽準備晚餐。心慈可以很敏銳地覺察到，爸爸是不是就要發飆了。

善於察言觀色的心慈，靈巧地協助媽媽做各種家務，讓爸爸沒有對媽媽咆哮的機會。

因為只要爸爸一生氣，全家就會遭殃。

心慈是老么，兩個哥哥也跟著爸爸一起蹺二郎腿看電視，只有她得跟著媽媽忙東忙西，卻又老是被爸爸嫌棄「煮飯難吃、菜太鹹」。

像爸爸罵自己一樣罵孩子

心慈盼著自己趕快長大。長大後的心慈，有了屬於自己的家。她好開心自己終於脫離了那個讓人緊繃、隨時得看爸爸臉色的環境。

但她生了孩子之後，才發現事情根本一點都沒變。

心慈很容易因為一點小事就不耐煩，甚至對孩子發火。

當三歲的兒子因為畫好的圖畫不小心被自己弄濕而大哭大吼、玩遊戲輸了就摔玩具的時候，她會像爸爸罵自己一樣罵孩子：「這有什麼好難過的，晾乾就好了啊！」「你再這樣亂生氣，就去罰站！」

尤其，最讓心慈抓狂的是當孩子在飯桌上鬧脾氣不吃飯。心慈只要想到自己辛辛苦苦、弄得汗流浹背準備的飯菜，孩子吃沒幾口就不吃了，就會忍不住罵孩子：「你根本是刁工（註1）的！你根本就是在糟蹋我，讓人疼不入心（台語，註2）！」

四十歲的心慈高齡生下孩子。心慈淚流滿面地對我說：「我每次對孩子發脾氣，都覺得好對不起他。我不希望他像我以前一樣受傷，但我有時候就會忍不住對他大吼……」

心慈後來發現，原來她從小在飯桌上總是非常緊繃，需要隨時偵測爸爸的表情。就算長大了，每到吃飯時刻，心慈總是特別容易暴怒。

這是因為**大腦的杏仁核用來偵測危險訊號**。但過去每一天在飯桌上，心慈都得提心吊膽，隨時觀察爸爸是不是會暴怒。長期生活在創傷下的心慈，杏仁核不斷偵測到危險，而一直處於活化狀態。過度活化，使得杏仁核功能失調，將「不是威脅」的訊號視作危險，而做出劇烈反應。

因此，**當孩子哭鬧，不要吃飯時，就會勾起心慈「自動化的神經迴路」，讓心慈忍不住暴怒**。

當兒子因為畫好的圖畫不小心被自己弄濕，開始大哭大鬧時，心慈一開始安慰孩子再畫一張就好，但孩子還是哭鬧不休，甚至撕碎圖畫紙。

心慈忍不住對孩子大吼：「你再吵，警察叔叔等一下就來抓你！」接著罵孩子：「這有什麼好哭的！」

孩子卻哭得更大聲了。

最後，心慈叫孩子去罰站。

這個場景是不是非常常見？我是二寶媽，孩子鬧脾氣的狀況，根本就天天上演。當情緒大浪來襲，孩子的「情緒腦」被啟動，負責思考和學習的「理智腦」就被關閉了。

但，當父母也跟著情緒失控，對孩子打罵、威脅、恐嚇，只會讓孩子的大腦偵測到危險，進入「戰或逃階段」，而更加失控地哭鬧。

這時候，孩子就更難冷靜下來，也無法理性思考到底發生了什麼事。（可參考六十七頁〈過去的創傷經驗，讓你容易情緒失控〉）。

要發火時，有意識地覺察情緒，將會形成新的神經迴路

你覺得孩子被罵、被罰站的時候，能好好反省自己做錯了什麼嗎？這時候，孩子心裡只會想著：「我討厭媽媽、媽媽很壞、媽媽對我不好！」

如果孩子不小心把這些話說出口，心慈想到自己高齡生下孩子，為了孩子留職停薪，卻是這樣吃力不討好，甚至被討厭，於是，忍不住對孩子脫口而出：「你根本就是在糟蹋我！」但一講完，卻又懊悔不已。

其實，心慈很愛孩子，她不是故意的。我相信，心慈的爸爸媽媽也不是故意要這樣對她的，這與爸媽的上一代如何對待他們有關。

我們都以為童年已經過去，你可以擁有嶄新的生活，但卻發現童年的陰影如影隨形。因為，你的父母怎麼對你，你就會怎麼對孩子。我們的神經迴路已經形成自動化的反應。

但，**我們的大腦是可塑的**，過去的童年經驗讓你的大腦形成自動化反應，但現在只要你想改變，只要我們練習覺察情緒，就有機會喊停！

當我們每次要發火時，**有意識地覺察情緒，將會形成新的神經迴路**。

我們的大腦從下往上發育，就像蓋房子一樣，地基穩固之後，再往上蓋。

1. 腦幹：

大腦最下層是腦幹，掌握呼吸、心跳等基本生存功能，出生時，就已經成熟了。

2. 邊緣系統：

腦幹上方是邊緣系統，包含杏仁核和海馬迴，是我們的情緒中樞，又稱為「情緒腦」。

嬰幼兒的情緒腦已經開始運作，能幫忙偵測危險，以保護我們的安全。也可稱為「下層腦」。

3. 前額葉皮質區：

大腦最上層是前額葉皮質區，是「理智腦」，負責思考、計畫、決策、情緒調節及衝動控制等。女性約二十歲，男性約二十五歲才會成熟。我們稱為「上層腦」。

孩子情緒失控，是再正常不過的事

學齡前孩子的語言發展還沒有成熟，當他們有情緒時，自然是用行為表現出來。因此，你的學齡前孩子會鬧脾氣、跺腳、大哭大鬧。而國高中孩子可能會頂嘴、翻臉比翻書還快。

當杏仁核發展成熟，前額葉皮質區還未發展成熟時，就像一輛只有油門，剎車有點失靈的車子。因此，我們可以理解到，孩子的情緒失控，其實是再正常不過的事了。

我在演講時，常會開玩笑地問家長，當你發現孩子的理智腦，女性約二十歲，男性約二十五歲才會成熟，你有沒有覺得很崩潰？因此，希望當我們理解大腦的發展之後，可以多給我們的孩子一些包容。

而且，大腦也不是二十歲或二十五歲就突然成熟。**孩子的每個經驗都會影響大腦發展，形成自動化的神經迴路**。

因此，如果我們總是對孩子大吼大叫、叫孩子不要想太多、批評孩子太脆弱。那麼，你也被「情緒腦」給掌控了。

而這時，孩子的「情緒腦」也會繼續啟動，因為沒有人幫他梳理他的情緒，他只會繼續卡在他的情緒中。他的「理智腦」將沒有機會發展成熟。

當孩子情緒失控，請同理孩子的感受，幫助孩子辨識情緒

因此，當下次孩子情緒失控，請你同理孩子的感受，幫助孩子辨識情緒：「弟弟搶你的玩具，你現在很生氣，是嗎？」「姊姊剛剛嘲笑你，你很難過嗎？」

當然，不要期待當你這樣說，孩子的情緒就能馬上和緩下來。因為，**從情緒中恢復平靜，需要時間**。

當孩子情緒發洩完，情緒自然而然就會離開，孩子也就恢復平靜了。

那麼，難道就讓孩子隨便鬧脾氣嗎？並不是這樣的。

孩子發洩情緒時，也應該有規範，例如：「你可以生氣，可以打抱枕；但是不可以打人、摔東西。」

如果孩子大哭大叫的聲音太大聲，你快要受不了時（或熱心的路人會忍不住走過來關心），你可以讓孩子回房間冷靜一下（請記住，這不是處罰），或是離開公共場合，走到樓梯間或走廊。

這麼做，能幫助孩子辨識情緒（媽媽知道現在要回家了，你很捨不得，還想再玩一下）。另外，抱抱孩子、讓孩子喝口水、轉移注意力看其他東西，也都是好方法。

我們可以幫助孩子慢慢和緩下來。

你可以選擇當「有意識」的父母

每個人都會犯錯，沒有人會是完美的父母，但你可以選擇當「有意識」的父母。

當你情緒來襲時，美國國家認證諮商師留佩萱在《童年會傷人》這本書中提到，美國精神科醫師丹尼爾・席格指出：「**回應孩子前，請先給自己九十秒的時間緩衝**。因為，每個情緒大浪襲擊後離開的時間大約是九十秒。九十秒大約可以做八次深呼吸。

如果能在回應孩子前，做八次深呼吸，就能避免你在衝動之下做出後悔的事情。」

當我們開始覺察那些從原生家庭而來的自動化神經迴路，改變就開始了。**有意識地覺察、在情緒失控要罵孩子時喊停，你將能一次又一次重建你的神經迴路，新的神經迴路將會越來越穩固。**

你就是你的孩子的原生家庭。當你更穩定一些，孩子自然也會跟著穩定。

是「積極回應」，還是「消極回應」？

美國心理學家約翰・高特曼（John Gottman）曾發表一個有趣的研究結果，他們經過長達四十年的研究發現，只要觀察一對夫妻互動一開始的五分鐘，就能預測他們會不會離婚，準確率高達91％。

這五分鐘，到底是在觀察什麼呢？是在觀察「積極回應」或「消極回應」。

高特曼教授觀察並追蹤了七百多對夫妻的溝通方式。

他發現，夫妻之間的積極回應和消極回應的比例達5：1，就能擁有穩定、幸福的婚姻。

如果降到3：1，兩人的關係可能產生危機。

若下滑至1：1，那麼，這段關係可能就無法維持下去了。

消極回應是一種敷衍、忽略對方的回應，例如把對方的話當耳邊風、隨口說好、打岔、轉移話題，甚至潑對方冷水。

積極回應是你專注地傾聽，並給予對方真誠地回應，讓對方感受到你的支持。

親子關係，也是如此。

一句消極回應，需要五句積極回應，才能平衡。想一想，你今天和伴侶、孩子之間的對話，比例是幾比幾呢？

我們的大腦都具有可塑性。當我們越常給予對方積極回應，就會建立更強大的神經迴路，讓消極回應的神經迴路慢慢被減弱。

註1：刁工，故意的意思。

註2：疼不入心，就是疼袂落心，指無法打從心裡疼惜的意思。

原生家庭的傷痕可能會複製，但你能為自己改寫腳本

你沒有闖過的人生關卡，上天會用不同方式，繼續考驗你。

明娜排行老三，上有兩個姊姊，下有兩個弟弟。第一次諮商時，明娜繪聲繪影地告訴我：「當我媽生下我，爸爸在醫院看到又是女兒的時候，直接掉頭就走。」彷彿她在現場看見似的。

「我覺得自己從小就是爹不疼，娘不愛，我也不是那種會撒嬌的小孩，所以在家裡就算很乖巧，也不會被讚美。好幾次，姊姊和弟弟都有拿到糖果，只有我被漏掉。一開始我會哭，後來就不會了。因為哭了，也沒有人在意。」明娜苦笑著說。

當我們面對原生家庭的傷痛，有時候，我們會怨天尤人，覺得自己怎麼這麼苦命、生長在這樣的家庭；也有些時候，我們會這樣告訴自己：「我怎麼可以這麼想？比我苦命的人更多，雖然媽媽離家、爸爸酗酒，但我還有疼我的阿嬤和姑姑啊。」

你的心裡，這兩種不同的聲音在拔河。一個聲音用理智告訴你：「我沒有那麼糟，還有很多愛我的人。」但另一個聲音卻用力告訴你：「就算你長大了，離開原生家庭了，你的心裡仍然沒有過去，你依然非常受苦。你就是命很苦、很倒楣，才會遇到這些爛事。」

你可能無法和原生家庭和解、無法原諒帶給你傷痛的人。所以，你可以承認自己還是好在意，但同時也認清你無法改變你的家人。你可以這麼做：

1. 好好為自己哀悼，這是療傷的第一步！

例如，告訴自己：

・「我有一個沒辦法肯定我的爸爸。不管我怎麼努力，他都覺得弟弟比我好。」

・「我的媽媽不是那種溫柔傾聽的媽媽。她很強勢，在她面前，我總是提心吊膽，生怕一不小心就被罵。」

・「我愛我的媽媽，但她總是讓我失望。在我需要她的時候，她都不在我身旁。」

請你好好地為自己哀悼。**承認你對某個家人有多失望、多難過、多受傷**。看見自己的失去和傷痕、好好地心疼自己。

當你完成哀悼，你才能真正接受某個家人並不完美的事實，你才有可能不再怨天尤人。

2. 第二步，意識到原生家庭的傷痕是會複製的

明娜帶著那個「不值得被愛的自己」進入職場。

她發現自己對人際關係非常焦慮、害怕得罪他人，因此，她總是努力做更多的事，甚至幫別人收拾爛攤子、討好他人；但卻居然被同事批評，說她為了升遷不擇手段。

在愛情中，明娜根本就是渣男收割機。

她總是會被甜言蜜語所打動。明明知道這個男人可能只是圖自己的錢，但卻總是心軟。男人用明娜的錢，卻跟別的女人搞曖昧。明娜常常賠了夫人又折兵，為此，明娜感到非常受傷。

在親子關係中，明娜常常焦慮孩子不夠好，未來會比不上別人。

明娜拚了命地讓孩子念雙語幼兒園、國際學校、補習考資優班。孩子在國中時，如願地考上數理資優班，但卻壓力大到開始割腕。

明娜覺得好不公平。她已經沒有父母愛她，為什麼她還遇到渣男、職場也不順？別人不會遇到的，為什麼她都遇到了？

3.第三步，我們需要靠自己的力量來改寫腳本

最重要的是，你有沒有發現過去的創傷如何影響你成為現在的自己。

我們總會幻想，我的人生已經遇到這麼多的苦難，接下來，天公總該眷顧好人了吧？但**最辛苦的是，腳本是會複製的**！你沒有闖過的關卡，會用不同方式來繼續考驗你。

為了被愛長出來的腳本，讓明娜在關係中不斷討愛，而容易遇到花言巧語的渣男。明娜在職場中為了維持人際關係，常常討好他人；在親子關係中，明娜怕孩子以後比不上他人，拚了命地鞭策孩子，希望孩子達成她沒有完成的夢想。

童話故事裡，白雪公主的媽媽過世，爸爸娶了壞心眼的後母，後母因為嫉妒白雪公

主的美貌，一心想殺死白雪公主。

灰姑娘的爸爸過世後，繼母和繼姊總是欺負她，逼她去做粗重的工作，甚至不讓她參加舞會。

這些故事為何可以流傳這麼久、這麼打動人心？因為這就是好多人的人生腳本，在榮格心理治療學派中，稱之為「原型」。

這是你的腳本，是你這輩子的課題。但現在長大的你，可以為自己喊停，不要繼續在同一個地方跌倒。

為什麼是我？

台劇《我們與惡的距離》中，應思聰面對著思覺失調症反覆發病的痛苦。

「我媽說……帶著沒用的應思聰，她就不會幸福。應思聰是拖油瓶……我不是拖油瓶，我很乖呀……為什麼我愛的人都走了？為什麼要把我一個人留在這裡？為什麼是我？」應思聰提出的這個問題也太難了。

「還有很多人愛你，思悅、大芝，還有你的家人啊……還有，我也在這裡陪你啊……可能是因為你，比較勇敢。」喬平社工師對應思聰這麼說。

飾演喬平的演員林予晞說，其實這句「**可能是因為你，比較勇敢**」的台詞，原本並不在劇本中，但她在那一刻深刻感受到應思聰的辛苦，於是她自然地說出這句話。

應思聰問了一個受苦的每個人都在問，但卻沒人能回答的問題，而喬平的回應，卻意外地讓思聰慢慢找回平靜。

當你能賦予苦難意義，你就有理由、有勇氣繼續前行

當我們想要療傷，我們無法改變「起點」，只能改變「腳本」。

我們可以怨天尤人，覺得老天爺不公平，沒有眷顧自己。我們期待遇到白馬王子，可以從家庭的泥淖中，把自己拯救出來，從此過著幸福、快樂的日子，但卻往往事與願違。

因為，這就是你的人生，這就是你此生被賦予的任務和意義。這條路的本身，就是路的意義。

遭遇苦難的我們都會問：「為什麼是我？」但這個問題，沒有人可以回答。

很多時候，我們實在太受苦了，因此，我們需要賦予苦難意義。當這些苦難有了意義，這就是屬於你的英雄之旅，縱使你蹣跚前行或匍匐前進，你都是自己的英雄！

你會開出屬於自己的花朵，寫出屬於你的故事，為你自己感到驕傲。

無論你曾經多麼受苦，請記得，你已經長大了，過去的你就算不被愛，你現在還是能活得好好的。因為，**你永遠是你自己最好的陪伴者**。

你可能需要不斷地訴說、宣洩情緒。

前十次的諮商，明娜說得聲嘶力竭，情緒潰堤。

我們談了半年以後，明娜告訴我：「我最近比之前更常對先生抱怨我爸媽。可能先生聽多了，上個禮拜，先生突然對我說：『不是只有你的媽媽這樣，我媽媽說話也是夾槍帶棍的！』

「那一刻如同當頭棒喝，我覺得自己懂了。好多人都帶著原生家庭的傷活到現在，不是只有我。我可能是比較高敏感的人，但我先生不是。我相信他所受的傷，可能也不亞於我，但他也活得好好的。」

我們每個人都帶著不同的任務來到世上，每個人都要破自己的關卡，你並不孤單。

為每一個受苦的靈魂致敬。

【後記】

接納自己，是我學到最重要的事

在寫後記的這一刻，我感到好激動！

因為，這也代表著我從「覺得自己不夠好」的這條路上畢業了！書中的案例，是我彙集多個個案改編而成，也有一些故事有自己的影子。

從就讀雄中音樂班，不斷地自我懷疑，到可以把自己愛回來，我花了超過十年的時間（不要懷疑，就是這麼長！）。

覺得自己不夠好，是一件多辛苦的事！如果你也曾經覺得自己不夠好，一定可以了解，那種覺得自己把事情搞砸了的自責、萬般後悔當初做的決定、把自己罵個狗血淋頭的時刻……

這十多年，我就在上上下下中起伏著，跌跌撞撞地走著。一下子覺得自己比較好了，一下子又覺得自己怎麼這麼糟；一下子可以樂觀、正向面對任何挑戰，一下子又覺得好想躲起來。這個「不夠好」，有好複雜的成因，我的人格特質、原生家庭、求學經歷等都有影響。

我曾經對朋友說：「我最大的敵人不是別人，而是自己！」在我非常低潮的那些時刻，打給朋友的第一句話常常是邊哭邊說：「沒有發生什麼不好的事，但我又不好了……」

把自己罵得體無完膚的那些時刻，內心的糾結、掙扎與痛苦，其他人很難理解。也有一些人會告訴我：

「不要胡思亂想，不要想太多。」

「不要難過，你已經比很多人幸福了。」

「你太脆弱，你抗壓性很低。」

這些話，總是讓我再次陷入自責。不只為了某件事自責，更會責備自己怎麼又心情不好了，不能樂觀一點嗎？

我也發現，每個人面對壓力的方式非常不同，有些人憂鬱自責；有些人透過大吃大喝、追劇、滑手機來紓壓；有些人飆車、酗酒；有些人常常責怪他人。也有些人，根本沒有這麼多的情緒困擾。身旁的人真的不一定能懂我的辛苦。

我也曾經受夠我的高敏感了，但我無法改變高敏感，有著滿滿感受、容易受到外在事物影響的我，就是我啊。

花了好長一段時間，後來，我終於懂了。當情緒浪潮襲來，當我的心願意好好承接這個情緒，下了一場情緒暴雨之後，情緒將能變成一條河，就像潺潺的流水，慢慢流動到遠方。

我需要的只有接納我的每一個情緒，溫柔地輕撫它，告訴自己：「我現在很難過，沒關係。」「我現在很生氣，沒關係。」當情緒好好地被理解之後，它將會在適當時機輕巧地離開。

如果我總是壓抑情緒，情緒會反撲的！在夜深人靜或某天遇到重大的壓力、挫折時，情緒將會排山倒海襲來。它會用更強烈的力道，向長期忽略它的人抗議：我真的承受不了、快要崩潰了。

接納情緒不是萬靈丹，也不是什麼神奇的魔法，並沒有讓我的生活從此一帆風順，我還是面對著生活中的各種挑戰。但，至少，我不再萬般焦慮、自責、懊惱、後悔，我開始能好好地生氣、好好地難過。我終於能安心地活著，不再需要逞強或假裝自己沒事。

我也不需要改變自己的高敏感，因為我根本就無法改變高敏感！高敏感也讓我能成為心理師，讓我能懂他人的苦；因為這些苦，我也走過。

希望這本書，可以陪伴你把自己一點一滴愛回來，這可能是一段漫長、時好時壞的過程，但如果這本書的哪段文字，可以讓你感到被理解，便是我最大的榮幸了。

深深祝福。

國家圖書館預行編目資料

你這麼努力，為什麼還是覺得自己不夠好？／蔡宜芳作.──初版.──臺北市；寶瓶文化事業股份有限公司,2024.11
面； 公分,──（Vision；264）
ISBN 978-986-406-446-5（平裝）
1.CST: 自我肯定 2.CST: 行為改變術 3.CST: 心理治療
177.2 113016845

Vision 264

你這麼努力，為什麼還是覺得自己不夠好？

作者／蔡宜芳　心理師
副總編輯／張純玲

發行人／張寶琴
社長兼總編輯／朱亞君
主編／丁慧瑋　編輯／林婕伃．李祉萱
美術主編／林慧雯
校對／張純玲．陳佩伶．劉素芬．蔡宜芳
營銷部主任／林歆婕　業務專員／林裕翔　企劃專員／顏靖玟
財務／莊玉萍
出版者／寶瓶文化事業股份有限公司
地址／台北市110信義區基隆路一段180號8樓
電話／(02)27494988　傳真／(02)27495072
郵政劃撥／19446403　寶瓶文化事業股份有限公司
印刷廠／世和印製企業有限公司
總經銷／大和書報圖書股份有限公司　電話／(02)89902588
地址／新北市新莊區五工五路2號　傳真／(02)22997900
E-mail／aquarius@udngroup.com

法律顧問／理律法律事務所陳長文律師、蔣大中律師
如有破損或裝訂錯誤，請寄回本公司更換
著作完成日期／二〇二四年九月
初版一刷日期／二〇二四年十一月
初版二刷日期／二〇二四年十一月二十八日
ISBN／978-986-406-446-5
定價／四一〇元

寶瓶文化・愛書人卡

感謝您熱心的為我們填寫，對您的意見，我們會認真的加以參考，
希望寶瓶文化推出的每一本書，都能得到您的肯定與永遠的支持。

系列：Vision 264　書名：你這麼努力，為什麼還是覺得自己不夠好？

1. 姓名：＿＿＿＿＿＿＿＿＿＿　性別：□男　□女
2. 生日：＿＿年＿＿月＿＿日
3. 教育程度：□大學以上　□大學　□專科　□高中、高職　□高中職以下
4. 職業：＿＿＿＿＿＿＿
5. 聯絡地址：＿＿＿＿＿＿＿＿＿＿＿＿＿＿＿＿＿＿＿＿

   聯絡電話：＿＿＿＿＿＿＿＿＿＿＿＿＿
6. E-mail信箱：＿＿＿＿＿＿＿＿＿＿＿＿＿

   □同意　□不同意　免費獲得寶瓶文化叢書訊息
7. 購買日期：＿＿ 年 ＿＿ 月 ＿＿日
8. 您得知本書的管道：□報紙／雜誌　□電視／電台　□親友介紹　□逛書店

   □網路　□傳單／海報　□廣告　□瓶中書電子報　□其他
9. 您在哪裡買到本書：□書店，店名 ＿＿＿＿＿＿＿＿＿＿　□劃撥

   □現場活動　□贈書

   □網路購書，網站名稱：＿＿＿＿＿＿＿　□其他＿＿＿＿＿＿＿
10. 對本書的建議：＿＿＿＿＿＿＿＿＿＿＿＿＿＿＿＿＿＿＿＿

＿＿＿＿＿＿＿＿＿＿＿＿＿＿＿＿＿＿＿＿＿＿＿＿＿＿＿＿

＿＿＿＿＿＿＿＿＿＿＿＿＿＿＿＿＿＿＿＿＿＿＿＿＿＿＿＿

＿＿＿＿＿＿＿＿＿＿＿＿＿＿＿＿＿＿＿＿＿＿＿＿＿＿＿＿

11.希望我們未來出版哪一類的書籍：

（請沿此虛線剪下）

亦可用線上表單。

讓文字與書寫的聲音大鳴大放

寶瓶文化事業股份有限公司

廣告回函
北區郵政管理局登記
證北台字15345號
免貼郵票

寶瓶文化事業股份有限公司 收

110台北市信義區基隆路一段180號8樓

8F,180 KEELUNG RD.,SEC.1,

TAIPEI.(110)TAIWAN R.O.C.

（請沿虛線對折後寄回，或傳真至02-27495072。謝謝）